Handbuch

für das

Anwaltsgebührenwesen

im Deutschen Reich.

Eine erläuternde Darstellung der einschlägigen gesetzlichen Bestimmungen

nebst einem alphabetisch geordneten

Gebühren-Tarif und Tabellen

sowie

Sachregister

von

Carl Pfafferoth.

Zweiter Abdruck.

Berlin.

Verlag von J. Guttentag (D. Collin).

1879.

Vorwort.

Trat schon bei dem Gerichtskostengesetze die anerkannte Nothwendigkeit einer zur leichteren und sicheren Anwendung geeigneten Bearbeitnng desselben hervor, so macht sich hinsichtlich der Anwaltsgebührenordnung ein gleiches Bedürfniß zweifellos in noch höherem Maße geltend; denn es steigern sich nicht nur bei demselben die Schwierigkeiten dadurch, daß für dieses neugeregelte Gebiet gerade die wichtigsten Grundsätze unter theilweiser Modifikation derselben dem Gerichtskostengesetze entlehnt sind und auf letzteres in zahlreichen Angelegenheiten verwiesen wird, — es kommt auch noch der gewichtige Umstand hinzu, daß zur praktischen Handhabung dieser verwickelten Vorschriften nur in wenigen Fällen ein in gleichem Maße vorgebildetes Personal zur Verfügung stehen wird, wie solches für die überdies unter amtlicher Aufsicht und Belehrung stattfindende Anwendung des Gerichtskostengesetzes vorhanden ist.

Ein den gedachten Umständen Rechnung tragendes Hülfsbuch wird sicherlich sowohl den Interessen der Anwälte, wie auch denen der Rechtsuchenden, welche sich der anwaltlichen Hülfe bedienen, in hohem Grade förderlich sein, indem es einerseits die auf die Berechnung der Gebühren zu verwendende Zeit und Mühe nicht unbeträchtlich vermindert und einer wesentlichen Schmälerung der Gebühren-Einnahmen, wie sie insbesondere in dem reichgestalteten Civilprozeßverfahren bei unzureichendem Verständniß des Sinnes und mangelnder, ungenügender Kenntniß der gesammten Vorschriften der Anwaltsgebührenordnung kaum zu vermeiden wäre, vorbeugt — ganz abgesehen von den verdrießlichen Widerwärtigkeiten, welche eine inkorrekte Aufstellung der Gebührenrechnung mit Rücksicht auf § 352 des Strafgesetzbuchs immerhin im Gefolge haben kann —; indem es andererseits ein Mittel in die Hand giebt, um zunächst mit Leichtigkeit die aus einem beabsichtigten gerichtlichen Verfahren voraussichtlich erwachsenden Kosten übersehen und ferner ohne große Mühe sich auch von der Richtigkeit der Anwaltsgebühren-Rechnung selbst überzeugen zu können, ein vornehmlich bei Korporationen und Gesellschaften gewiß häufig eintretendes Bedürfniß.

Aber auch bei gerichtlichen Behörden wird sich für die Verwendung eines solchen Hülfsbuches reichlich Gelegenheit bieten.

Um nun das gesteckte Ziel möglichst zu erreichen, schien es bei der Eigenart des in Frage stehenden Gesetzes zweckmäßiger, anstatt die einzelnen Bestimmungen desselben in der gegebenen Reihenfolge zu erläutern, unter Berücksichtigung der betreffenden Vorschriften des Gerichtskostengesetzes, der Prozeßordnungen, der Rechtsanwaltsordnung und der anderen einschlägigen Gesetze, sowie mit Benutzung der Materialien in thunlichster Kürze eine freie, gemeinverständliche Darlegung der auf die Anwaltsgebühren bezüglichen Normen zu geben. Um ferner ein leichteres und schnelleres Auffinden, sowie eine erschöpfende Berücksichtigung aller für den einzelnen Fall anzuwendenden Vorschriften zu ermöglichen, ist für bürgerliche Rechtsstreitigkeiten ein umfassender, alphabetisch geordneter Gebühren-Tarif aufgestellt, in welchem die bei jedem Prozeßvorkommniß zu beachtenden Regeln an einem Orte übersichtlich zusammengefaßt zu finden sind.

Eingestreute Beispiele und die erforderlichen Tabellen, sowie ein zuverlässiges Sachregister werden die erstrebte Nützlichkeit des Handbuchs erhöhen.

Da es endlich in zweifelhaften Fällen, wie auch bei Aufstellung der Gebührenrechnungen häufig von Werth sein wird, auf den Wortlaut der Anwaltsgebührenordnung zurückzugehen, so ist noch ein wortgetreuer Abdruck dieses Gesetzes angehängt.

Möge sich das Werk bald als ein in jeder Anwaltsstube, in jedem Bureau und Comptoir willkommenes und brauchbares Hülfsbuch erweisen.

Berlin, im Juli 1879.

C. Pfafferoth.

Inhalts-Verzeichniß.

Erster Abschnitt.

Allgemeine Regeln.

	Seite
Taxe und Vertrag	1
Geltungsbereich	1
Uebergangsbestimmungen	3
Vergütung nach reichsgesetzlicher und landesgesetzlicher Norm	4
Gemeinschaftliche Erledigung eines Auftrags	5
Haftung mehrerer Auftraggeber	5
Sonstige allgemeine Regeln	5
Vertragsmäßige Festsetzung der Vergütung	6

Zweiter Abschnitt.

Gebühren in bürgerlichen Rechtsstreitigkeiten und in Patentstreitsachen.

I. Vorbemerkungen	8
Berufsthätigkeit des Rechtsanwalts	8
Vertretung	9
Prozeßbevollmächtigter und Prozeßvollmacht	9
Befugnisse des Rechtsanwalts	10
Wahl oder Beiordnung	11
Verpflichtung der Parteien unter einander zur Kostenerstattung	11
II. Die Gebührenarten	13
Bauschgebührensätze	13
Prozeßgebühr	14
Verhandlungsgebühr	14
Vergleichsgebühr	16
Beweisgebühr	16
Minderung der Gebührensätze	16
Regelmäßiges Ergebniß der Berechnung	17
III. Hauptprincip des Bauschsystems und Instanz	18
Inhalt und Umfang der Instanz	18
Instanzen der Zwangsvollstreckung	21
IV. Sonstige Regeln	24
Plaidoyer und Vertretung durch Substitute	24
Ausführung einzelner Handlungen durch Nicht-Prozeßbevollmächtigte	25
Aufhebung des Auftrags	25
Vertretung mehrerer Streitgenossen	26
Gebühren beim Reichsgericht	27
Ergänzende Regeln	27
V. Werthsberechnung	27
VI. Gebühren-Tarif	35

Seite

Dritter Abschnitt.

Gebühren im Konkursverfahren 64

Vierter Abschnitt.

Gebühren in Strafsachen sowie im Disciplinarverfahren gegen Reichsbeamte, im ehrengerichtlichen Verfahren gegen Rechtsanwälte und bei der Untersuchung von Seeunfällen.

I. Vorbemerkungen 68
Wirkungskreis des Rechtsanwalts 68
Zahlung und Erstattung der Kosten 70
II. Bauschgebühren 70
Strafverfahren auf öffentliche Klage 70
Privatklage und Nebenklage 72
III. Gebühren für Anfertigung von Schriften 73
VI. Sonstige Gebühren und Regeln 74

Fünfter Abschnitt.

Auslagen 76

Sechster Abschnitt.

Einforderung von Gebühren und Auslagen.

Vorschuß 80
Fälligkeit der Gebühren 80
Einforderung der Gebühren und Auslagen 80

Gebührenordnung für Rechtsanwälte vom 7. Juli 1879 83

Tabellen: Gebühren der Rechtsanwälte
A.: für bürgerliche Rechtsstreitigkeiten, Patentsachen und Konkurse . . 98
B.: für Urkunden- und Wechselprozesse 100
C.: für bürgerliche Rechtsstreitigkeiten — erhöhte Sätze der Rechtsanwälte beim Reichsgericht in der Revisionsinstanz 102
D.: für Urkunden- und Wechselprozesse — erhöhte Sätze der Rechtsanwälte beim Reichsgericht in der Revisionsinstanz 104
E.: Gebühren für Erhebung und Ablieferung a) von Geldern, b) von Werthpapieren 106
Sachregister 108

Abkürzungen.

§ (in den Anmerkungen) ohne weitere Bezeichnung bedeutet § der Anwaltsgebührenordnung.

Mot. desgl. = Begründung dieses Gesetzes (Drucksache des Reichstags, 4. Legislatur-Periode, II. Session 1879 Nr. 6).

bzw. = beziehungsweise.

C.P.O. = Civilprozeßordnung.

G.K.G. = Gerichtskostengesetz.

G.V.G. = Gerichtsverfassungsgesetz.

K.O. = Konkursordnung.

Mot. = Motive.

Mot. zum G.K.G. = Motive zum Gerichtskostengesetz (Drucksache des Reichstags, 3. Legislatur-Periode, II. Session 1878 Nr. 76).

R.A.O. = Rechtsanwaltsordnung.

s. = siehe.

s. a. = siehe auch.

s. g. = sogenannte.

S. = Seite.

Str.P.O. = Strafprozeßordnung.

vgl. = vergleiche.

Erster Abschnitt.

Allgemeine Regeln.

Taxe und Vertrag.

Art. 1. Die Anwaltsgebührenordnung geht von der Auffassung aus, daß für die Bestimmung des Honorars des Rechtsanwalts in der Regel eine gesetzliche Taxe maßgebend sein soll; daneben läßt sie aber auch zu, daß innerhalb gewisser Grenzen das Honorar durch Vertrag festgesetzt werde — s. Art. 12. 13.

Geltungsbereich.

Art. 2. 1. Nach den Vorschriften der Rechtsanwalts-Gebührenordnung, wie sie hier dargelegt werden sollen, bestimmt sich die Vergütung für die Berufsthätigkeit des Rechtsanwalts in einem Verfahren vor den ordentlichen Gerichten, auf welches die Civilprozeßordnung, die Strafprozeßordnung oder die Konkursordnung Anwendung findet, sowie für die berathende Berufsthätigkeit des Rechtsanwalts, welche den Beginn oder die Fortsetzung eines solchen Verfahrens betrifft.[1])

2. Der Grundsatz, daß die Reichsgesetzgebung nur soweit zur Regelung des Kostenwesens berufen ist, als sie das Verfahren selbst geregelt hat, gilt, wie hinsichtlich der Gerichtskosten, im Allgemeinen auch zur Grenzbestimmung für das Gebiet der Anwaltsgebührenordnung, nur daß hier auch auf die vorbereitende Thätigkeit des Rechtsanwalts vor der Anbringung der Klage bei Gericht diese reichsgesetzliche Regelung sich erstreckt, die daher auch in dem Falle Platz greifen muß, wenn das Gericht nicht mit der Sache befaßt ist.

3. Die nach reichsgesetzlicher Norm zu vergütende Thätigkeit des Rechtsanwalts muß also eine Rechtssache betreffen, für welche

a) das Verfahren durch die Reichs-Prozeßordnungen geregelt ist, auch wenn im gegebenen Falle erst durch ein anderes Reichsgesetz oder

---

[1]) § 1.

durch ein Landesgesetz (z. B. durch die Ausführungsgesetze zu den Reichsjustizgesetzen) die Anwendung der Bestimmungen der Prozeßordnungen für das betreffende Verfahren vorgeschrieben ist, wie z. B. bei der Zwangsvollstreckung, dem Aufgebot oder bei Beschwerden,
und welche

b) vor die ordentlichen Gerichte gehört.

Für letztere Voraussetzung ist die Intention des Auftraggebers von Bedeutung. Wird der Anwalt beauftragt, eine den Prozeßordnungen unterliegende Sache vor die ordentlichen Gerichte zu bringen, so bemißt sich die Vergütung nach den reichsgesetzlichen Normen, auch wenn die vollständige Ausführung des Auftrags unterbleibt, z. B. weil der Anwalt die Belehrung ertheilt, daß die Sache gar nicht vor die ordentlichen Gerichte gehöre. Das Gleiche gilt, wenn ein solcher Auftrag auch nun bedingungsweise ertheilt oder der Anwalt nur mit der Frage befaßt wird, ob die Sache vor die ordentlichen Gerichte gebracht werden soll.[1])

Vor die ordentlichen Gerichte — Amtsgerichte, Landgerichte, Oberlandesgerichte, Oberstes Landesgericht und Reichsgericht — gehören nach § 13 G.V.G. alle bürgerliche Rechtsstreitigkeiten und Strafsachen, für welche nicht entweder die Zuständigkeit von Verwaltungsbehörden oder Verwaltungsgerichten begründet ist oder reichsgesetzlich besondere Gerichte bestellt (z. B. Konsular- und Militärgerichte) oder zugelassen sind (z. B. Gemeinde- und Gewerbegerichte).

4. Den im Folgenden wiedergegebenen Vorschriften der Anwaltsgebührenordnung unterliegen demnach auch

a) solche Rechtssachen, für welche zwar besondere Gerichte zugelassen sind, hinsichtlich deren jedoch die Gerichtsbarkeit den ordentlichen Gerichten übertragen ist, sofern nicht etwa ein von den Reichs-Prozeßordnungen abweichendes Verfahren stattfindet;

b) ferner die Fälle, in welchen gegen die Entscheidung einer nicht zu den ordentlichen Gerichten gehörigen Behörde die Berufung auf den ordentlichen Rechtsweg ergeht und alsdann das Verfahren der Prozeßordnungen Platz greift, wie bei Berufungen gegen Entscheidungen von Gemeindegerichten, G.V.G. § 14 Nr. 3 oder gegen Bescheide der Seeämter im Falle des § 101 der Seemannsordnung, § 5 des Einf.Ges. zur Str.P.O.

5. Abweichend von dem obigen Grundsatz findet die reichsgesetzliche Regelung noch in einigen Prozeduren Anwendung, welche nicht vor die ordentlichen Gerichte gehören, nämlich:

---

[1]) vgl. auch die Tarifposition „Unzulässigkeit des Rechtswegs“.

a) im schiedsrichterlichen Verfahren;
b) im Verfahren wegen Nichtigkeitserklärung oder Zurücknahme eines Patents;
c) im Disziplinarverfahren nach Maßgabe des Gesetzes, betreffend die Rechtsverhältnisse der Reichsbeamten, vom 31. März 1873 (Reichs-Gesetzbl. S. 61);
d) im ehrengerichtlichen Verfahren gegen Rechtsanwälte;
e) bei der Untersuchung von Seeunfällen;[1]

ferner

f) in denjenigen vor die Konsulargerichte gehörenden Sachen, bei welchen die Vorschriften der Reichs-Prozeßordnungen Platz greifen. Soweit jedoch die Gebühren durch Ortsgebrauch geregelt sind, kommt dieser zunächst zur Anwendung.[2]

6. Ausgeschlossen ist dagegen die Anwendung der reichsgesetzlichen Vorschriften für ein Verfahren, welches landesgesetzlich geregelt ist, wie das erbschaftliche Liquidationsverfahren, das administrative Zwangsenteignungsverfahren (Expropriation), die Zwangsvollstreckung in das unbewegliche Vermögen (Subhastation), sowie für alle Angelegenheiten der nichtstreitigen Gerichtsbarkeit, namentlich die Vormundschafts-, Nachlaß-, Testaments-, Grundbuch- und Hypothekensachen, die Führung der Handels-, Schiffs-, Genossenschafts- und Markenschutzregister u. a.

7. Der Anschluß an die aufgestellten Grundsätze für alle vor den ordentlichen Landesgerichten nach Landesgesetzen zu behandelnden Angelegenheiten ist der Landesgesetzgebung überlassen.

Uebergangsbestimmungen.

Art. 3. Für die Vergütung der Thätigkeit der Rechtsanwälte in den von dem Reichsgericht nach den bisherigen Prozeßgesetzen zu erledigenden Sachen sind die Vorschriften maßgebend, nach welchen die Gebühren und Auslagen zu berechnen sein würden, wenn die Sache an den obersten Landesgerichtshof gelangt wäre.[3]

---

[1] § 91; vgl. zu a und b die Tarifpositionen „schiedsrichterliches Verfahren" und „Patentsachen"; zu c, d, e Art. 58.

[2] § 44 des Reichsgesetzes über die Konsulargerichtsbarkeit. Die Gebührensätze des Tarifs vom 1. Juli 1872 (R.G.Bl. S. 245) verlieren dadurch ihre Geltung.

[3] Gesetz betr. den Uebergang von Geschäften auf das Reichsgericht vom 16. Juni 1879 — (R.G.Bl. S. 157). Zu den hier bezeichneten Sachen gehören nicht nur diejenigen, deren Verhandlung und Entscheidung nach § 15 des Einführungsgesetzes zum Gerichtsverfassungsgesetz dem Reichsgerichte zugewiesen sind, sondern auch die Sachen, welche am 1. Oktober 1879 bei dem Reichs-Oberhandelsgericht anhängig sind und auf das Reichsgericht übergehen, sowie die am 1. Oktober 1879 bei den Landes-

Im Uebrigen wird auch für die vor dem 1. Oktober 1879 anhängig gewordenen Rechtssachen in der Uebergangszeit die reichsgesetzliche Regelung der Anwaltsgebühren (insbesondere bei Zwangsvollstreckungen) insoweit Anwendung finden, als nach Maßgabe der von den einzelnen Staaten erlassenen Uebergangsbestimmungen das Verfahren der neuen Prozeßordnungen Platz greift.

Vergütung nach reichsgesetzlicher und landesgesetzlicher Norm.

Art. 4. Fällt eine dem Rechtsanwalt aufgetragene Thätigkeit, für welche ihm nach den reichsgesetzlichen Vorschriften eine Vergütung zusteht, zugleich in den Kreis derjenigen Angelegenheiten, in welchen die den Rechtsanwälten zustehende Vergütung durch landesgesetzliche Vorschrift geregelt ist, so kommt, soweit die Anwendung beider Vorschriften zu einer zweifachen Vergütung derselben Thätigkeit führen würde, nur eine derselben und zwar die dem Rechtsanwalte günstigere zur Anwendung.[1])

Ob dieselbe Thätigkeit bei Anwendung beider Vorschriften zweifach vergütet erscheinen würde, ist eine Frage thatsächlicher Natur. Insofern diese Frage im einzelnen Falle zu verneinen ist, steht der Anwendung beider Vorschriften nichts im Wege; z. B., wenn der Anwalt denselben Anspruch im reichsgesetzlichen und im landesgesetzlichen Verfahren geltend macht, oder vorbereitende Schritte für das eine wie für das andere Verfahren gethan hat.[2])

---

gerichten anhängigen Sachen, welche nach dem bisherigen Prozeßrecht in der höchsten Instanz zur Zuständigkeit des Reichs-Oberhandelsgerichts gehören, demnächst an das Reichsgericht gelangen und von diesem nach den bisherigen Prozeßgesetzen zu erledigen sind.

[1]) § 92.

[2]) Auch bei Ertheilung eines Raths oder Gutachtens wird zu unterscheiden sein, ob dem Gegenstande nach, nicht blos in der äußeren Erscheinung, zwei Leistungen oder nur eine vorliegen. Die Frage z. B., ob in einem gegebenen Falle der Weg der Klage im Civilprozeß einzuschlagen sei, kann von der Frage, ob im Verwaltungsstreitverfahren vorzugehen sei, in der Prüfung und Erörterung je nach den verschiedenen in Betracht kommenden Gesichtspunkten vollständig getrennt gehalten werden, so daß in einem solchen Falle bei Bestimmung des Honorars die Anwendung der reichsrechtlichen und der landesrechtlichen Vorschriften nach Maßgabe der bezeichneten Trennung keinem gegründeten Bedenken unterliegen wird, wobei auf den rein äußerlichen Umstand, ob die Ergebnisse der Erörterungen in einem Gutachten zusammengefaßt werden, ein entscheidendes Gewicht nicht gelegt werden darf.

Das vorbezeichnete Verhältniß zeigt sich am klarsten, wenn das Gutachten des Rechtsanwalts sich darüber verbreitet, daß weder der Weg des Civilprozesses noch der des Verwaltungsstreitverfahrens einzuschlagen sei.

Anders liegt die Sache, wenn der Rath des Anwalts nur darüber verlangt würde, welcher von zwei an sich offen stehenden Wegen vorzuziehen sei. Die Thätig-

Gemeinschaftliche Erledigung eines Auftrags.

Art. 5. Für die Ausführung eines Auftrags, dessen gemeinschaftliche Erledigung mehreren Rechtsanwälten übertragen ist, steht jedem derselben die volle Vergütung zu[1]) — ohne Rücksicht auf den Umfang der von dem einzelnen aufgewendeten Thätigkeit.

Dies gilt auch für die s. g. Anwalts-Societät, sofern nach der Absicht der Parteien jeder der associirten Rechtsanwälte in der Sache thätig sein soll.

Haftung mehrerer Auftraggeber.

Art. 6. Bei Ausführung von Aufträgen mehrerer Auftraggeber durch dieselbe Thätigkeit haftet jeder Auftraggeber dem Rechtsanwalt — ganz abgesehen von der Höhe der Gesammtvergütung[2]) — nur für denjenigen Betrag an Gebühren und Auslagen, welcher bei abgesonderter Ausführung seines Auftrags erwachsen sein würde. Die Mitverhaftung der anderen Auftraggeber kann dem Rechtsanwalt gegenüber nicht geltend gemacht werden.[3])

Zur Geltendmachung des Regreßanspruches an die mithaftenden Auftraggeber ist die Aufnahme eines betreffenden Vorbehalts in die Gebührenrechnung nicht für nöthig erachtet.

Sonstige allgemeine Regeln.

Art. 7. Für die Thätigkeit als Beistand stehen dem Rechtsanwalte die gleichen Gebühren zu wie für die Vertretung.[4])

---

keit des Anwalts betrifft dann nur eine ihm vorgelegte Frage, und eine Sonderung der Thätigkeit, je nachdem Reichsrecht oder Landesrecht in Betracht kommt, ist unausführbar. Mot. S. 93.

[1]) § 2.

[2]) Vgl. Art. 33, 46, 52, 54.

[3]) § 3. Ist also die Gesammtvergütung demjenigen Betrage gleich, welchen der Rechtsanwalt von jedem Auftraggeber zu beanspruchen haben würde, wenn kein weiterer Auftraggeber vorhanden wäre (wie dies z. B. bei Vertretung mehrerer Streitgenossen mit gleichem Interesse im Civilprozeß der Fall sein kann), so haftet jeder Auftraggeber dem Anwalt für die ganze Vergütung. Vertritt dagegen beispielsweise der Anwalt in einem Rechtsstreit über 2000 ℳ den Beklagten und außerdem auf Grund einer gleichzeitig ausgestellten Vollmacht (Art. 33) einen Intervenienten, welcher nur in Höhe von 100 ℳ bei dem Streite betheiligt ist, und betragen die Gebühren das Doppelte des Normalsatzes (Tabelle A Spalte 9), so haftet der Beklagte für 72 ℳ, der Intervenient für 8 ℳ; eine Solidarhaft ist daher nur in Höhe des letzteren Betrages vorhanden, indem die Gebühren überhaupt nur 72 ℳ betragen. S. ferner das Beispiel bei Art. 33 und Art. 62.

[4]) § 4.

Art. 8. Für Unterzeichnung eines Schriftsatzes erhält der Rechtsanwalt die gleichen Gebühren wie für Anfertigung desselben.[1]

Art. 9. Für Anfertigung und Uebersendung von Rechnungen über Gebühren und Auslagen und für Zahlungsaufforderungen wegen derselben kann der Rechtsanwalt eine Gebühr nicht beanspruchen.[2]

Art. 10. Bei dem Betrieb eigener Angelegenheiten kann der Rechtsanwalt von dem zur Erstattung der Kosten des Verfahrens verpflichteten Gegner Gebühren und Auslagen bis zu dem Betrage fordern, in welchem er Gebühren und Auslagen eines bevollmächtigten Rechtsanwalts erstattet verlangen könnte.[3]

Art. 11. Der niedrigste Betrag einer jeden nach den Regeln der Abschnitte zwei bis vier zu berechnenden Gebühr beträgt eine Mark.[4]

Eine Abrundung ist gesetzlich nicht vorgesehen; solche ist mithin dem Geschäftsgebrauch der Anwälte, bezw. der freien Vereinbarung überlassen. Die Abrundung bei Pfennigbeträgen, welche ohne Bruch durch zehn nicht theilbar sind, geschieht am besten dadurch, daß bei dem einzelnen Gebührenansatz oder bei der Gesammt-Gebührensumme Beträge von 1—4 Pfennig fortbleiben, Beträge von 5—9 Pfennig dagegen zum abgerundeten Betrage von 10 Pfennig in Rechnung gestellt werden.

Pfennigbrüche bleiben selbstverständlich, da sie nicht berichtigt werden können, außer Ansatz; demgemäß sind sie auch in den Tabellen einfach fortgelassen.

Vertragsmäßige Festsetzung der Vergütung.

Art. 12. Sofern der Rechtsanwalt nicht einer Partei zur Wahrnehmung ihrer Rechte beigeordnet (Art. 14 Nr. 7) oder als Vertheidiger bestellt ist (Art. 49 Nr. 2), kann der Betrag der Vergütung jederzeit — bei Uebernahme des Auftrags wie auch nachher — durch Vertrag abweichend von den hier gegebenen Regeln und Sätzen festgesetzt werden. Die Festsetzung durch Bezugnahme auf das Ermessen eines Dritten ist ausgeschlossen.

Der Auftraggeber ist an den Vertrag nur gebunden, soweit er denselben schriftlich abgeschlossen hat.

Der Auftraggeber kann, auch wenn er einen Vertrag abgeschlossen hat, eine Berechnung der gesetzlichen Vergütung nach Maßgabe des Art. 69 verlangen.

Hat der Rechtsanwalt durch den Vertragsschluß die Grenze der Mäßigung überschritten, so kann die durch Vertrag festgesetzte Ver-

---

[1] § 5. [2] § 6. [3] § 7. [4] § 8.

gütung im Prozeßwege, nach eingeholtem Gutachten des Vorstandes der Anwaltskammer bis auf den aus den hier zusammengestellten Regeln zu berechnenden Betrag herabgesetzt werden.

Nach Zahlung eines die gesetzliche Gebühr überschreitenden Betrages findet aber eine Herabminderung im Prozeßwege nicht mehr statt, wenn nicht nach Maßgabe des betreffenden Landesgesetzes eine Rückforderungsklage begründet ist.[1])

Art. 13. Für das Verhältniß des Auftraggebers oder des Rechtsanwalts zu dem Erstattungspflichtigen kommt die vertragsmäßige Festsetzung der Vergütung (Art. 12) nicht in Betracht.[2])

---

[1]) § 93; Mot. S. 94 und Konstatirung der Reichstags-Kommission zur Vorberathung der Anwaltsgebührenordnung. — Nothwendig ist es nicht, daß der Betrag im Vertrage selbst ziffermäßig zum Ausdruck gebracht sei; er kann beispielsweise auch auf den Prozentsatz oder auf eine bestimmte Summe über den Betrag der gesetzlichen Gebühren oder auch auf Grund der am 1. Oktober 1879 an sich außer Kraft tretenden Bestimmungen einer Landesgebührenordnung, vorausgesetzt, daß dieselbe ziffermäßig festgestellte Sätze enthält, vereinbart werden.

[2]) § 94. Ist jedoch die vertragsmäßige Vergütung geringer als der gesetzliche Gebührenbetrag, so kann auch nur die geringere Kostensumme von der gegnerischen Partei erstattet verlangt werden.

Zweiter Abschnitt.

Gebühren in bürgerlichen Rechtsstreitigkeiten[1] sowie in Patentstreitsachen.

I. Vorbemerkungen.

Berufsthätigkeit des Rechtsanwalts.

Art. 14. 1. In bürgerlichen Rechtsstreitigkeiten kann der Rechtsanwalt seine Berufsthätigkeit in verschiedener Art und Weise ausüben, und zwar:

ohne zum Prozeßbevollmächtigten bestellt zu sein

— s. Art. 30 —

a) durch Ertheilung von Rath (Konsultirung) oder Abgabe juristischer Gutachten; durch Anfertigung, Unterzeichnung oder Beglaubigung von Schriftstücken; durch Erhebung und Ablieferung von Geldern und Werthpapieren und durch sonstige einzelne Handlungen und Geschäfte vor oder nach Beginn des gerichtlichen Verfahrens;

— s. die betreffenden Tarifpositionen.

b) als s. g. Korrespondenz-Mandatar, dem nur der Verkehr der Partei mit ihrem Bevollmächtigten obliegt;

— s. die Tarifposition „Korrespondenz-Mandatar" —

c) als Beistand der Partei, indem er mit ihr vor dem Gericht erscheint, um ihr bei der Prozeßführung zu helfen;[2])

— vgl. Art. 7 —

d) durch Ausführung der Parteirechte in der mündlichen Verhandlung[3]) (Rechtsvertheidigung; Plaidoyer);

e) durch Vertretung eines Rechtsanwalts als Substitut;

— s. Art. 29. —

---

[1]) Für die Bestimmung einer Sache als „bürgerliche Rechtsstreitigkeit" sind in erster Linie die Reichsgesetze, und sodann die Landesgesetze der einzelnen Staaten maßgebend. Die Civilprozeßordnung zählt zu denselben auch die Entmündigungs- und Aufgebotssachen, dagegen gehören dazu nicht die s. g. Injuriensachen, welche fortan im Strafverfahren verhandelt werden.

[2]) C.P.O. § 86.

[3]) R.A.O. §§ 26, 27.

vor allem als Prozeßbevollmächtigter — s. Art. 17 —
f) durch Vertretung einer Partei in Anwalts- und Parteiprozessen, auf Grund der ihm ertheilten Vollmacht.

Vertretung.

2. In Parteiprozessen, — d. h. den amtsgerichtlichen — in welchen eine Vertretung durch Rechtsanwälte gesetzlich nicht geboten, sondern nur in das Belieben der Partei gestellt ist, kann der Anwalt zur Führung des ganzen Prozesses oder auch nur zu einzelnen Prozeßhandlungen bevollmächtigt werden. [1])

3. In Anwaltsprozessen — d. h. vor den Landgerichten und vor allen Gerichten höherer Instanz — müssen dagegen die Parteien sich stets durch einen Rechtsanwalt als Prozeßbevollmächtigten vertreten lassen.

Eine Ausnahme findet nur statt:
a) für das Verfahren vor einem beauftragten oder ersuchten Richter, [2])
b) für Prozeßhandlungen, welche vor dem Gerichtsschreiber vorgenommen werden können. [3])

Auch kann ein bei dem Prozeßgerichte zugelassener Rechtsanwalt sich selbst vertreten. [4])

4. Mehrere Bevollmächtigte sind berechtigt, sowohl gemeinschaftlich, als einzeln die Partei zu vertreten. [5])

— s. Art. 5 —

Prozeßbevollmächtigter und Prozeßvollmacht.

5. Als Prozeßbevollmächtigter gilt der Rechtsanwalt nicht nur dann, wenn er zur Führung des ganzen Prozesses bevollmächtigt ist, sondern auch in dem Falle, daß ihm die Vertretung nur für einen Abschnitt des Prozesses bezw. der Zwangsvollstreckung nebst

---

[1]) C.P.O. §§ 75, 79 Abs. 2.

[2]) „Beauftragter Richter" bedeutet ein Mitglied des Prozeßgerichts, welches von letzterem den Auftrag zu einzelnen Prozeßhandlungen (insbesondere zu Beweisaufnahmen und zur Vorbereitung in Rechnungssachen) erhalten hat; „ersuchter Richter" ein anderes Gericht und zwar nach § 158 G.V.G. ein Amtsgericht.

[3]) Z. B. Gesuche betr. die Ablehnung einer Gerichtsperson oder eines Sachverständigen, um Festsetzung der zu erstattenden Kosten, um Bewilligung des Armenrechts, um Aussetzung des Verfahrens, um Entbindung von einem Zeugniß, um Aufnahme von Beweisen zum ewigen Gedächtniß (Sicherung des Beweises), betr. Anbringung von Beschwerden im Falle des § 532 Abs. 2 der C.P.O., betr. Entmündigung oder Wiederaufhebung derselben, betr. Arreste und einstweilige Verfügungen, oder Erlaß eines Aufgebots.

[4]) C.P.O. § 74. [5]) C.P.O. § 80.

Vornahme aller dabei vorkommenden und zur Ausführung des Auftrags erforderlichen Geschäfte übertragen ist, sofern eben nur die Vollmacht sich nicht auf eine einzelne, bestimmte Handlung beschränkt.

Die Prozeßvollmacht — welche allgemein zur Führung eines Prozesses oder von Prozessen einer Partei, gleichviel vor welchem Gericht, ertheilt wird — ermächtigt:[1])

a) zu allen den Rechtsstreit betreffenden Prozeßhandlungen, einschließlich derjenigen, welche durch eine Widerklage, eine Wiederaufnahme des Verfahrens und die Zwangsvollstreckung veranlaßt werden;

b) zur Bestellung eines Vertreters (Substituten) sowie eines Bevollmächtigten für die höheren Instanzen;

c) zur Beseitigung des Rechtsstreits durch Vergleich, Verzichtleistung auf den Streitgegenstand oder Anerkennung des von dem Gegner geltend gemachten Anspruchs;

d) zur Empfangnahme der von dem Gegner zu erstattenden Kosten.

Eine Beschränkung dieses gesetzlichen Umfangs der Vollmacht ist mit rechtlicher Wirkung nur hinsichtlich der unter c. aufgezählten Befugniß zulässig.[2])

Die Vollmacht für den Hauptprozeß umfaßt auch die Vollmacht für das, eine Hauptintervention, einen Arrest, oder eine einstweilige Verfügung betreffende Verfahren.[3])

Befugnisse der Rechtsanwälte.

6. Jeder Rechtsanwalt ist befugt, in den Sachen, auf welche die Civilprozeßordnung Anwendung findet, vor jedem Gericht innerhalb des Reichs Rechtsvertheidigungen zu führen, als Beistand aufzutreten und, insoweit eine Vertretung durch Anwälte nicht geboten ist, die Vertretung zu übernehmen.[4])

Insoweit jedoch die Vertretung durch Anwälte gemäß den vorstehenden Grundsätzen geboten ist, kann nur ein bei dem Prozeßgerichte zugelassener Rechtsanwalt die Vertretung als Prozeßbevollmächtigter übernehmen.

In der mündlichen Verhandlung, einschließlich der vor dem Prozeßgericht erfolgenden Beweisaufnahme, kann jedoch jeder Rechtsanwalt die Ausführung der Parteirechte (Plaidoyer) und für den

---

[1]) C.P.O. § 77.

[2]) C.P.O. § 79. [3]) C.P.O. § 78.

[4]) R.A.O. § 26. Bezüglich der Vertretung vor dem obersten Landesgerichte s. noch § 8 des Einf.Ges. zur C.P.O.

Fall, daß der bei dem Prozeßgerichte zum Prozeßbevollmächtigten bestellte Rechtsanwalt ihm die Vertretung überträgt, auch diese übernehmen — vgl. Art. 29. Nur für das Reichsgericht findet eine Ausnahme hiervon statt, da dort eine Uebertragung der dem Prozeßbevollmächtigten zustehenden Vertretung auf einen bei dem Reichsgericht nicht zugelassenen Rechtsanwalt unstatthaft ist.[1])

In dem vor dem Reichsgericht stattfindenden Berufungsverfahren in Angelegenheiten betreffs der Richtigkeitserklärung oder Zurücknahme eines Patents sind die beim Reichsgericht zugelassenen Rechtsanwälte befugt, die Vertretung zu übernehmen.[2])

Wahl oder Beiordnung.

7. Der Prozeßbevollmächtigte ist entweder von der Partei frei gewählt oder von dem Gericht der Partei beigeordnet. Eine solche Beiordnung muß auf Antrag in bestimmten Fällen erfolgen, nämlich:

a) zur Vertretung eines wegen Geisteskrankheit Entmündigten für die Anfechtungsklage; sie kann auch zur Vertretung eines Entmündigten in der Wiederaufhebungsklage verfügt werden;[3])

b) insoweit eine Vertretung durch Anwälte geboten ist, wenn die Partei einen zu ihrer Vertretung geneigten Anwalt nicht findet und die Rechtsverfolgung oder Rechtsvertheidigung nicht muthwillig oder aussichtslos erscheint;[4])

c) insoweit eine Vertretung durch Anwälte geboten ist, zur vorläufig unentgeltlichen Wahrnehmung der Gerechtsame einer Partei, welcher das Armenrecht bewilligt ist; dies kann auch geschehen, insoweit eine Vertretung durch Anwälte nicht geboten ist.[5])

Auf die Höhe der Gebühren übt der Umstand, ob der Rechtsanwalt gewählt oder vom Gericht bestellt, keinen Einfluß aus.

Verpflichtung der Parteien untereinander zur Kostenerstattung.

Art. 15. 1. Die Gebühren und Auslagen des Rechtsanwalts der obsiegenden Partei sind nach Maßgabe des Urtheils von der unterliegenden kostenpflichtigen Partei in allen Prozessen, also auch amtsgerichtlichen, und ebenso in dem Berufungsverfahren vor dem Reichsgericht in Patentsachen zu erstatten; Reisekosten eines auswärtigen Rechtsanwalts jedoch nur insoweit, als die Zuziehung nach

---

1) R.A.O. §§ 27, 101.

2) Vgl. die Tarifposition „Patentsachen".

3) C.P.O. §§ 607, 609, 620, 626. 4) R.A.O. § 33.

5) C.P.O. § 107 und R.A.O. § 34.

dem Ermessen des Gerichts zur zweckentsprechenden Rechtsverfolgung oder Rechtsvertheidigung nothwendig war. Die Kosten mehrerer Rechtsanwälte sind nur insoweit zu erstatten, als sie die Kosten eines Rechtsanwalts nicht übersteigen, oder als in der Person des Rechtsanwalts ein Wechsel[1]) eintreten mußte.[2])

2. Diese Regel findet auch auf die durch eine Nebenintervention verursachten Kosten Anwendung.[3])

3. Besteht der unterliegende Theil aus mehreren Personen, so haften dieselben für die Kostenerstattung nach Kopftheilen.[4])

4. Die Mehrkosten, welche bei der Vertretung einer Partei vor einem Kollegialgerichte durch einen bei demselben zugelassenen Rechtsanwalt dadurch entstehen, daß der letztere seinen Wohnsitz nicht am Orte des Gerichts hat,[5]) ist die Gegenpartei zu erstatten nicht verpflichtet. Dasselbe gilt auch in allen Fällen bei der Vertretung einer armen Partei durch den ihr beigeordneten Rechtsanwalt;[6]) s. a. Art. 65, 66.

5. Die vorstehenden Grundsätze finden auch Anwendung im Falle der Stellvertretung eines durch Krankheit, Abwesenheit oder andere Umstände an der Ausübung seines Berufs zeitweise verhinderten Rechtsanwalts.[7]) An Auslagen wird der Rechtsanwalt dann jedenfalls nie mehr fordern können, als ihm bei eigner Vertretung zugestanden

---

[1]) z. B. im Falle des Todes, des Erkrankens, der Abwesenheit oder des Ausscheidens eines Rechtsanwalts, sowie bei Kündigung seitens des Rechtsanwalts oder auch seitens der Partei wegen Pflichtversäumniß des Anwalts.

[2]) C.P.O. § 87 Abs. 2.

[3]) C.P.O. § 96.

[4]) C.P.O. § 95; vgl. aber Art. 6.

[5]) Der gedachte Fall kann eintreten:

1) wenn ein bei einem Amtsgerichte zugelassener Rechtsanwalt zugleich bei dem Landgerichte, in dessen Bezirk das Amtsgericht seinen Sitz hat, sowie bei den im Bezirke des Landgerichts befindlichen Kammern für Handelssachen zugelassen worden ist (R.A.O. § 9);

2) wenn ein bei einem Landgericht zugelassener Rechtsanwalt zugleich auch bei einem Oberlandesgerichte zugelassen ist, und dasselbe an einem anderen Orte seinen Sitz hat (R.A.O. §§ 11, 114);

3) wenn ein bei einem Landgerichte zugelassener Rechtsanwalt widerruflich bei einem benachbarten Landgerichte zugelassen ist (R.A.O. § 12);

4) wenn ein zur Zeit des Inkrafttretens der Rechtsanwalts-Ordnung vorhandener Rechtsanwalt bei einem Landgericht, in dessen Bezirk er bisher seinen Wohnsitz hatte, unter Beibehaltung seines bisherigen Wohnsitzes zugelassen ist und letzterer mit dem Sitze des Gerichts nicht zusammenfällt. R.A.O. § 107;

s. a. Anm. zu Art. 66.

[6]) R.A.O. § 18 Abs. 5, § 37.

[7]) R.A.O. § 25.

hätte; unter Umständen wird der Partei dabei sogar eine Ersparniß erwachsen, z. B. an Reisekosten, wenn der Stellvertreter nämlich nicht an demselben Orte mit dem verhinderten Rechtsanwalte wohnt und dadurch eine anderenfalls erforderliche Reise des letzteren zur Wahrnehmung eines Termins am Wohnorte des Stellvertreters entbehrlich wird; s. a. Art. 65.

II. Die Gebührenarten.

Bauschgebührensätze.

Art. 16. In bürgerlichen Rechtsstreitigkeiten, wie auch im schiedsrichterlichen Verfahren und in Patentstreitsachen, werden feste, nach dem Werthe des Streitgegenstandes zu berechnende Gebühren (Bauschgebühren) erhoben und zwar nach dem Umfange der Thätigkeit des Rechtsanwalts, wie sich dieselbe in ihren Hauptmomenten darstellt. In letzterer Beziehung knüpft sich nun die Gewährung von Anwaltsgebühren an vier verschiedene Momente der anwaltlichen Thätigkeit und es gliedern sich danach auch die Gebühren in vier verschiedene Arten, nämlich:

1) die Prozeßgebühr,
2) die Verhandlungsgebühr,
3) die Vergleichsgebühr,
4) die Beweisgebühr,

welche jede für sich oder zusammen zum Ansatz kommen können.

Die Höhe einer jeden der zu 1 bis 3 benannten Gebühren beträgt
den in Tabelle A. Spalte 1 enthaltenen Normaleinheitsatz,
die der Gebühr zu 4 aber die Hälfte dieses Satzes — Tabelle A. Spalte 5.[1])

Die Gebührensätze sind in allen Instanzen gleich hoch; nur in der Revisionsinstanz tritt in den im Art. 34 bezeichneten Fällen eine Erhöhung der Normalgebühr ein.

Art. 17. Dem als Prozeßbevollmächtigten[2]) bestellten Rechtsanwalt steht nun zu:

---

[1]) § 13.

[2]) Ueber den Begriff „Prozeßbevollmächtigter" s. Art. 14 Nr. 5, und wegen der Gebühren des Nicht-Prozeßbevollmächtigten Art. 30.

1. Die **Prozeßgebühr** — für den Geschäftsbetrieb, einschließlich der Information.[1]) Sie umfaßt die gesammte Thätigkeit des Rechtsanwalts außerhalb der mündlichen Verhandlung, insbesondere die Information, die Anfertigung aller vorkommenden Schriftsätze[2]) oder schriftlichen Anträge, die Wahrnehmung von Terminen, soweit solche neben der mündlichen Verhandlung etwa vorkommen — insbesondere auch Mitwirkung bei einem Sühneverfahren[3]) —, und den zur Prozeßführung erforderlichen Verkehr mit den Parteien, dem Gericht und den Gerichtsvollziehern,[4]) wie auch die Besorgung von Briefen am Orte oder zur Post.[5])

Ermäßigung.

Soweit der Auftrag vor der mündlichen Verhandlung erledigt ist, ohne daß der Rechtsanwalt die Klage eingereicht hat oder einen Schriftsatz hat zustellen lassen, steht ihm die Prozeßgebühr nur zu $^5/_{10}$ zu, und zwar ohne Rücksicht darauf, ob der Anwalt die Klage bezw. den Schriftsatz angefertigt hat.[6])

In einem Verfahren, für welches eine mündliche Verhandlung durch das Gesetz nicht vorgeschrieben ist, findet die gleiche Ermäßigung statt, soweit der Auftrag erledigt ist, bevor der Antrag an das Gericht eingereicht, der mündliche Antrag gestellt oder der Auftrag an den Gerichtsvollzieher oder den diesen Auftrag vermittelnden Gerichtsschreiber ertheilt ist.[6])

2. Die **Verhandlungsgebühr** — für die gesammte mündliche Verhandlung,[7]) auch wenn sie in mehreren äußerlich getrennten Terminen[8]) stattfindet und unabhängig von der darauf ergehenden Entscheidung.

Die Verhandlungsgebühr steht jedoch dem Rechtsanwalte nicht zu, welcher zur mündlichen Verhandlung geladen hat, ohne daß dieselbe

---

1) § 13.

2) aber nicht die Ausarbeitung eines Gutachtens mit juristischer Begründung. Mot. S. 91.

3) Mot. S. 53.

4) Mot. S. 36; dagegen wird die Erhebung und Ablieferung von Geldern stets besonders honorirt.

5) Mot. S. 80.

6) s. Ausnahme im Art. 29.

7) § 14.

8) z. B. in den Fällen der §§ 137, 139 der C.P.O. und auch selbst in dem Falle, daß durch Verschulden der Partei oder ihres Vertreters eine Vertagung der Verhandlung oder Anberaumung eines neuen Termins veranlaßt ist. Mot. S. 50.

durch das Gesetz vorgeschrieben oder durch das Gericht oder den Vorsitzenden angeordnet war.[1])

Ermäßigung.

Eine Ermäßigung tritt ein, insoweit die mündliche Verhandlung — bezüglich des ganzen Klagegegenstandes oder eines Theils desselben — nicht kontradiktorisch ist. Kontradiktorisch ist sie nur, wenn darüber zwischen den Parteien ein wirklicher Streit besteht, wenn also bei der Verhandlung beider Theile, dem Antrage einer Partei durch einen Antrag der Gegenpartei widersprochen wird.[2])

Für eine nicht kontradiktorische Verhandlung, also in der Regel beim Kontumacialverfahren, steht dem Rechtsanwalt die Verhandlungsgebühr nur zu $^5/_{10}$ zu.

Trifft dies nur für einen Theil des Streitgegenstandes zu, so ist die ermäßigte Gebühr nach dem Werthe dieses Theils zu berechnen; vgl. Art. 37 Nr. 8.

Diese Minderung tritt in Ehesachen[3]) und in den vor die Landgerichte gehörigen Entmündigungssachen[4]) nicht ein, sofern der Kläger verhandelt.

Die Verhandlung im vorbereitenden Verfahren[5]) gilt als kontradiktorische mündliche Verhandlung.[6])

Erhöhung.

Insoweit sich in den die Erhebung der Beweisgebühr (zu 4) begründenden Fällen die Vertretung auf die weitere mündliche Verhandlung[7]) erstreckt, erhöht sich die dem Rechtsanwalte zustehende Verhandlungs-

---

1) § 15.

2) G.K.G. § 19 u. Motive dazu S. 51.

3) Solche Rechtsstreitigkeiten, welche die Trennung, Ungültigkeit oder die Nichtigkeit einer Ehe oder die Herstellung des ehelichen Lebens zum Gegenstande haben, nicht aber z. B. Klagen aus § 32 des Reichs-Personenstandsgesetzes vom 6. Februar 1875, Klagen auf Eingehung der Ehe oder Anträge, welche die Beendigung der Ehe durch Todeserklärung des einen Gatten betreffen.

4) Entziehung der bürgerlichen Selbständigkeit wegen Geisteskrankheit oder wegen Verschwendung. Im vorliegenden Falle handelt es sich um die Anfechtungsklage gegen den Beschluß des Amtsgerichts. C.P.O. §§ 605 ff.

5) Vorbereitendes Verfahren in Rechnungssachen, Auseinandersetzungssachen und ähnlichen Prozessen. C.P.O. §§ 313—316. Für dieses Verfahren darf jedoch eine Verhandlungsgebühr nicht erhoben werden, wenn eine solche schon hinsichtlich desselben Streitgegenstandes für eine kontradiktorische Verhandlung derselben Instanz in Ansatz kommt. Vgl. Art. 21.

6) § 16.

7) d. h. die Ausführungen über das Resultat der Beweisaufnahme.

gebühr — jedoch nur einmal — um die Hälfte und, wenn die weitere mündliche Verhandlung eine nicht kontradiktorische ist, um ein Viertel.[1])

(Die Verhandlungsgebühr beträgt dann überhaupt:
in gewöhnlichen Prozessen den Satz Tab. A. Spalte 7 bezw. 8;
in der Revisions-Instanz für die Reichsgerichts-Anwälte (Art. 34) — Tab. C. Spalte 7 bezw. 8;
im Urkunden- und Wechselprozeß Tab. B. u. D. Spalte 3 bez. 4.)

Einem Rechtsanwalt, welcher die Vertretung in der der Beweisanordnung vorausgegangenen Verhandlung nicht hatte, sondern der erst später eintritt, steht selbstverständlich für die Vertretung in der dem Beweisaufnahmeverfahren nachfolgenden Verhandlung nur die einfache Verhandlungsgebühr zu.[2])

3. Die **Vergleichsgebühr** — für die Mitwirkung bei einem zur Beilegung des Rechtsstreits abgeschlossenen Vergleiche.[3])

Die Vergleichsgebühr steht dem Rechtsanwalt nur zu $^{5}/_{10}$ zu, wenn ihm für denselben Streitgegenstand die volle Verhandlungsgebühr zusteht und der Vergleich vor dem Prozeßgericht oder einem ersuchten oder beauftragten Richter[4]) abgeschlossen ist.[5])

4. Die **Beweisgebühr** — für die Vertretung in dem Termine zur Leistung des durch ein Urtheil auferlegten Eides — gleichviel ob der Eid geleistet wird oder nicht, — sowie in einem Beweisaufnahmeverfahren, wenn die Beweisaufnahme nicht bloß in Vorlegung des in den Händen des Beweisführers, oder des Gegners befindlichen Urkunden besteht.[6])

Das Beweisaufnahmeverfahren beschränkt sich hier nicht nur auf das durch förmlichen Beweisbeschluß angeordnete besondere Verfahren,[7]) sondern begreift jede gerichtsseitig angeordnete oder zugelassene Beweisaufnahme und erstreckt sich auf sämmtliche Beweismittel.

Minderungen der Gebührenansätze.

Art. 18. Diese vier Arten von Gebühren werden jedoch nicht immer in ihrem vollen Betrage erhoben, vielmehr scheiden einige Pro-

---

[1]) § 17. [2]) Mot. S. 39; s. a. Tarif-Position „Erledigung".

[3]) § 13. Für den Begriff des Vergleichs sind die civilrechtlichen Bestimmungen maßgebend, nach welchen also in jedem konkreten Falle zu bestimmen sein wird, ob ein Abkommen die Natur eines Vergleiches habe oder nicht; Vereinbarungen, welche sich darauf beschränken, für eine nach keiner Richtung bestrittene Forderung lediglich Zahlungsfrist zu gewähren (s. g. interimistische Vergleiche) sind daher in der Regel nicht als Vergleiche aufzufassen. Vgl. a. Mot. S. 38.

[4]) Vgl. Note zu Art. 14 Nr. 3. [5]) § 18.

[6]) § 13. [7]) C.P.O. §§ 257, 323.

zeßarten und durch ihren Gegenstand sich kennzeichnende Prozesse, ferner gewisse Arten einfacher und untergeordneter Rechtsstreite und Geschäfte aus, für die nur ein Theil des regelmäßigen Gebührensatzes zum Ansatz gelangt. Dieselben sind in dem diesem Abschnitte angehängten Tarife in alphabetischer Reihenfolge zusammengestellt.

Regelmäßiges Ergebniß der Berechnung.

Art. 19. Die Kombination dieser vier Arten von Bauschgebühren ergiebt den Gesammtbetrag der in einer Instanz zulässigen Gebühren.

Das Ergebniß der Berechnung wird sich demnach für den regelmäßigen Prozeßgang folgendermaßen darstellen:

a) Wird der Prozeß ohne kontradiktorische Verhandlung durch Versäumnißurtheil erledigt, so erhält der Rechtsanwalt die Prozeßgebühr und die halbe Verhandlungsgebühr, d. h. die Normalgebühr zum 1½fachen Betrage — s. Tabellen A. u. C. Spalte 8, Tab. B. u. D. Spalte 4.

b) Wird der Prozeß auf kontradiktorische Verhandlung ohne Beweisaufnahme durch Endurtheil erledigt, so erhält der Rechtsanwalt die Prozeßgebühr und die Verhandlungsgebühr, d. h. die Normalgebühr zum doppelten Betrage — s. Tabellen A. u. C. Spalte 9, Tabellen B. u. D. Spalte 5.

c) Wird der Prozeß nach erfolgtem Beweisaufnahmeverfahren auf weitere mündliche kontradiktorische Verhandlung durch Endurtheil erledigt, so erhält der Rechtsanwalt die Normalgebühr dreifach, nämlich einmal als Prozeßgebühr, 1½fach als Verhandlungsgebühr und zur Hälfte als Beweisgebühr. — s. Tabellen. A u. C. Spalte 10, Tabellen B. u. D. Spalte 6.

Ein höherer Betrag kann sich nur dann ergeben, wenn nach der Beweisaufnahme und nach der sich an diese anschließenden kontradiktorischen Verhandlung ein Vergleich vermittelt wird.

Art. 20. Die Mannigfaltigkeit in der Gestaltung und Entwickelung des Civilprozeßverfahrens beläßt es jedoch häufig nicht bei vorstehender glatter und einfacher Berechnung, da die Scheidung der Instanzen, wie bei der Zwangsvollstreckung und dem Einspruch, die zuweilen vorzunehmende Anrechnung von Gebühren verschiedener Verfahrensstadien, die Erhebung besonderer Gebühren sowie sonstige Umstände und Abweichungen in manchen Fällen der Aufstellung der Gebühren-Rechnung die erheblichsten Schwierigkeiten und Bedenken entgegenstellen.

III. Hauptprinzip des Bauschsystems und Instanz.

Art. 21. Als der Grundgedanke des Bauschsystems ist vor allem der wichtige Grundsatz zu beachten,

> daß die im Art. 16 benannten vier Gebühren die gesammte Thätigkeit des Rechtsanwalts von dem Auftrage bis zur Beendigung der Instanz umfassen und daß demgemäß jede dieser vier Gebühren in jeder Instanz rücksichtlich eines jeden Theils des Streitgegenstandes nur einmal beansprucht werden kann,[1])

so daß, wenn in derselben Instanz für die gleichartige Thätigkeit in den verschiedenen Prozeßstadien und den zu diesen gehörigen Akten und Prozeßvorkommnissen dieselbe Gebühr nach verschiedenen Sätzen zum Oeftern zu liquidiren Anlaß wäre — z. B. für die Verhandlung zur Hauptsache der Normalsatz bezw. auch das $1^1/_2$fache, für die Verhandlung über prozeßhindernde Einreden $^5/_{10}$ und für die Verhandlung über vorläufige Einstellung der Zwangsvollstreckung $^3/_{10}$ der Normalgebühr — dennoch die betreffende Gebühr nur einmal und selbstverständlich mit dem höchstzulässigen Betrage angesetzt werden kann, in dem obigen Beispiel also die Verhandlungsgebühr nur einmal und zwar in Höhe der Normalgebühr bezw. des $1^1/_2$fachen derselben.

Vorausgesetzt wird hierbei wie auch hinsichtlich der folgenden Regeln, daß im Laufe der Instanz ein Wechsel der Anwälte nicht stattgefunden hat — s. a. Art. 32.

Inhalt und Umfang der Instanz.

Art. 22. Zu der Instanz gehören für die Gebührenerhebung insbesondere:

1) das Verfahren behufs Festsetzung des Werthes des Streitgegenstandes;
2) Zwischenstreite mit Nebenintervenienten,[2]) sowie mit Zeugen oder Sachverständigen;
3) das Verfahren zur Sicherung des Beweises, wenn die Hauptsache anhängig ist;
4) das Verfahren über einen Antrag auf Anordnung oder Aufhebung eines Arrestes oder einer einstweiligen Verfügung, sowie

---

[1]) §§ 25, 29.

[2]) Die Hauptintervention bildet stets ein besonderes Verfahren neben dem Hauptprozeß (C.P.O. §§ 61, 62).

über einen Antrag auf vorläufige Einstellung, Beschränkung oder Aufhebung einer Zwangsvollstreckung, soweit das Verfahren mit dem Verfahren über die Hauptsache verbunden ist;

5) das Verfahren über einen Antrag auf Aenderung einer Entscheidung des beauftragten oder ersuchten Richters oder des Gerichtsschreibers;

6) das Verfahren über die im Gerichtskostengesetze § 47 Nr. 1—12 bezeichneten Streitpunkte und Anträge;[1])

7) die Zustellung und Empfangnahme der Entscheidungen und die Mittheilung derselben an den Auftraggeber;

8) die Uebersendung der Handakten an den Bevollmächtigten einer anderen Instanz.[2])

Art. 23. Was nun ferner den Begriff der „Instanz" anlangt, so faßt ihn die Anwaltsgebührenordnung in demselben Sinne auf, wie das Gerichtskostengesetz, welches diesen Begriff aus der Civilprozeßordnung[3]) entnommen, denselben jedoch gewissen Modifikationen unterworfen hat, indem theils Rechtsstreitigkeiten, welche sich im Sinne der Civilprozeßordnung als eine neue Instanz darstellen würden, im Sinne des Gebührengesetzes zu der alten Instanz gerechnet werden, theils solche, welche gemäß den Vorschriften der Civilprozeßordnung eine Fortsetzung derselben Instanz bilden, für die Gebührenerhebung als eine neue Instanz betrachtet werden.

Insbesondere ist auch hier eine neue Instanz als begonnen anzusehen, wenn ein Gericht höherer Ordnung mit dem Rechtsstreit befaßt wird.[4])

Art. 24. Aus obigem Gesichtspunkt ergeben sich über den Umfang der Instanz nachstehende wichtige Folgerungen mit ihren Ausnahmen:

1. Mit der Erhebung der Klage beginnt für die Gebührenerhebung stets ein neuer Rechtsstreit, gleichviel ob die Klage einen neuen oder einen schon früher geltend gemachten Anspruch betrifft, demgemäß

---

[1]) Dieselben sind im angehängten Tarife sämmtlich berücksichtigt.

[2]) § 29. Vgl. auch die betreffenden Positionen des Tarifs.

[3]) In Betreff der Zustellungen an den Prozeßbevollmächtigten bezeichnet die Civilprozeßordnung als zu der Instanz gehörig auch diejenigen Prozeßhandlungen, welche das Verfahren vor dem Instanzgerichte in Folge eines Einspruchs, einer Aufhebung des Urtheils des Instanzgerichts, einer Wiederaufnahme des Verfahrens oder eines neuen Vorbringens in der Zwangsvollstreckungsinstanz, zum Gegenstande hat. Das Verfahren vor dem Vollstreckungsgericht wird gleichfalls als zur ersten Instanz gehörig angesehen.

[4]) Mot. S. 46.

sondert sich die Wiederaufnahme von dem durch rechtskräftiges Endurtheil geschlossenen Rechtsstreite, das landgerichtliche von dem amtsgerichtlichen Verfahren in Entmündigungssachen, die Anfechtung eines Ausschlußurtheils von dem Aufgebotsverfahren, sowie die Geltendmachung von Einwendungen in der Zwangsvollstreckung, welche den durch das Urtheil festgestellten Anspruch selbst betreffen, oder welche überhaupt im ordentlichen Prozeßverfahren geltend zu machen sind, von dem vorausgegangenen Verfahren.

2. Eine neue Instanz tritt nicht ein, wenn ein anhängiger Rechtsstreit in Folge der Verweisung an eine andere Kammer desselben Gerichts gelangt, auch nicht, wenn an Stelle des an sich zuständigen ein anderes Gericht bestimmt wird, weil ersteres an der weiteren Ausübung des Richteramts verhindert war (C.P.O. § 36 Nr. 1, § 41 ff.). Das Gleiche gilt für die übrigen im § 36 der C.P.O. bezeichneten Fälle, in welchen die Bestimmung des zuständigen Gerichts durch das höhere Gericht erfolgt.

3. Wird auf Grund der Bestimmungen über die sachliche Zuständigkeit der Gerichte ein Rechtsstreit vom Landgericht an das Amtsgericht oder von diesem an jenes verwiesen (C.P.O. §§ 249, 466), so ist für die Gebührenerhebung das eine Verfahren von dem anderen zu sondern;[1]) es wird also auch die Verhandlung vor einem an sich unzuständigen Gerichte in der Regel als ein besonderer Rechtsstreit in einer besonderen Instanz gelten.

4. Verweist jedoch das Amtsgericht einen Rechtsstreit vor das Landgericht, weil durch Widerklage oder durch Erweiterung des Klageantrags ein Anspruch erhoben ist, welcher zur Zuständigkeit der Landgerichte gehört, oder die Feststellung eines Rechtsverhältnisses beantragt worden ist, für welches die Landgerichte zuständig sind (C.P.O. § 467), so bildet das weitere Verfahren vor dem Landgerichte mit dem Verfahren vor dem Amtsgericht im Sinne des Art. 21 eine Instanz.

Das Gleiche gilt, wenn der Einspruch gegen einen Vollstreckungsbefehl von dem Amtsgerichte für zulässig befunden und die Klage während der Rechtshängigkeit des Anspruchs bei dem Landgericht erhoben ist (C.P.O. § 640), für das amtsgerichtliche Verfahren über die Zulässigkeit des Einspruchs und das Verfahren vor dem Landgerichte.[2])

5. Wird eine Sache zur anderweiten Verhandlung an das Gericht unterer Instanz zurückverwiesen (C.P.O. §§ 500, 501, 528),

---

[1]) Mot. z. G.K.G. S. 55. [2]) § 26 und G.K.G. § 30.

so bildet das weitere Verfahren mit dem früheren Verfahren vor diesem Gericht im Sinne des Art. 21 eine Instanz.[1])

Eine Ausnahme findet im Urkunden- und Wechselprozeß statt, wenn das angefochtene Urtheil unter Vorbehalt der Rechte erlassen ist; s. a. den Tarif.

6. Das Rechtsmittelsystem der Civilprozeßordnung läßt ferner eine gleichzeitige Verhandlung des Rechtsstreits in mehreren Instanzen zu, insbesondere bei Einlegung eines Rechtsmittels gegen ein Theilurtheil oder gegen ein Zwischenurtheil, welches in Betreff der Rechtsmittel als Endurtheil anzusehen ist.

Der Erlaß von Theilurtheilen (C.P.O. § 273) hat für die betreffende Instanz die Anwendung des Art. 37 Nr. 8 zur Folge. Dagegen gelten die gegen solche Urtheile eingelegten Rechtsmittel, sofern sie nicht zusammen verhandelt werden, als verschiedene Instanzen.

7. Wird der Grund eines nach Grund und Betrag streitigen Anspruchs vorab durch Entscheidung festgestellt (C.P.O. § 276), so schließt das in erster Instanz ergehende Zwischenurtheil die Instanz nicht ab, die erstinstanzliche Verhandlung über den Betrag des Anspruchs gilt daher als Fortsetzung der Instanz. Dagegen sind die der Zeit nach auseinander fallenden Rechtsmittel über den Grund und über den Betrag des Anspruchs, falls sie nicht zusammen verhandelt werden, jedes für sich zu vergüten.

Dementsprechend gestaltet sich die Gebührenerhebung in den sonstigen Fällen, in welchen Zwischenurtheile in Ansehung der Rechtsmittel den Endurtheilen gleichgestellt sind (C.P.O. §§ 248, 502), nämlich bei Urtheilen über prozeßhindernde Einreden und Urtheilen, die in der Berufsinstanz unter Vorbehalt der Geltendmachung verspäteter Vertheidigungsmittel ergehen.[2])

8. Inwieweit das Verfahren über einen eingelegten Einspruch als neue Instanz gilt, ist in der Tarifposition „Einspruch" näher erörtert.

Desgleichen ergeben über die Scheidung der Instanzen im Urkunden- und Wechselprozesse die betr. Positionen des Tarifs das Nähere.

Das Zwangsvollstreckungsverfahren sondert sich für die Gebührenerhebung vom Hauptprozeß.

Instanzen der Zwangsvollstreckung.

Art. 25. In der Zwangsvollstreckung[3]) bildet eine jede Voll-

[1]) § 26 und G.K.G. § 31.

[2]) Mot. zum G.K.G. S. 55.

[3]) Zur Zwangsvollstreckungs-Instanz gehört auch die Erwirkung der Voll-

streckungsmaßregel[1]) zusammen mit den durch dieselbe vorbereiteten weiteren Vollstreckungshandlungen[1]) bis zu der durch die Maßregel zu erlangenden Befriedigung[2]) des Gläubigers — d. h. also die voll=

---

streckungsklausel oder des Zeugnisses der Rechtskraft; dagegen scheidet die Geltendmachung von Einwendungen und Anträgen im Wege der Klage als neuer Prozeß aus; s. a. Tarifpositionen: Vollstreckungsklausel, Zeugniß und Prozesse.

[1]) Die hauptsächlichsten dieser Vollstreckungsmaßregeln sind:

1) Pfändung in körperliche Sachen (Mobiliarexekution);
2) Pfändung in Forderungen (Beschlagnahme) und zwar:
   a. in Geldforderungen durch Verbote an Drittschuldner und Schuldner (Arestatorien und Inhibitorien) und Ueberweisung an Gläubiger (s. a. Anm. zur Tarif=Position: Zwangsvollstreckung Nr 7),
   b. in Ansprüche auf Herausgabe oder Leistung körperlicher Sachen — durch Anordnung der Herausgabe an den Gerichtsvollzieher (bei beweglichen) bezw. an den Sequester (bei unbeweglichen Sachen) sowie der demnächstigen weiteren Verwerthung;
3) Pfändung in andere Vermögensrechte (z. B. Nießbrauch, Urheberrecht, Patente);
4) Erwirkung der Herausgabe von Sachen durch Anordnung der Wegnahme bezw. der Exmission und Einweisung durch den Gerichtsvollzieher oder der Ueberweisung einer in Gewahrsam eines Dritten befindlichen Sache;
5) Erwirkung von Handlungen oder Unterlassungen durch
   a. Ermächtigung des Gläubigers, die Handlung vornehmen zu lassen,
   b. Erzwingung der Handlung durch Geldstrafe oder Haft,
   c. Erzwingung einer Unterlassung oder Duldung durch Geldstrafe nach vorheriger Strafandrohung oder durch Verurtheilung zur Bestellung einer Sicherheit,
   d. Zuziehung eines Gerichtsvollziehers zur Beseitigung des Widerstandes des Beklagten;
6) Offenbarungseid;
7) Anordnung der Zwangsvollstreckung in ein Grundstück (Subhastation).

Benutzt also der Gläubiger zur Erlangung seiner Befriedigung gleichzeitig die Vollstreckungsmaßregeln der Pfändung körperlicher Sachen, ferner der Beschlagnahme von Miethen und anderen Forderungen, sodann der Anordnung der Subhastation und endlich des Offenbarungseides, so bildet jede dieser Maßregeln für die Gebührenerhebung eine Instanz und zwar jede zusammen mit allen zur Befriedigung des Gläubigers erforderlichen ferneren Vollstreckungshandlungen, also z. B. bei der Pfändung von Mobilien auch Versteigerung der gepfändeten Sachen; bei der Beschlagnahme von Forderungen auch Zwangsvollstreckung wegen Herausgabe der über die Forderung vorhandenen und in den Händen des Schuldners befindlichen Urkunden (C.P.O. § 737) oder Beantragung einer anderen Art der Verwerthung an Stelle der Ueberweisung.

[2]) Die Befriedigung des Gläubigers wird hier schon dann herbeigeführt sein, wenn die Vollstreckungsmaßregel den mit ihr beabsichtigten unmittelbaren Erfolg gehabt hat, z. B. einem Antrage auf Pfändung einer Geldforderung entsprechend diese Forderung dem Gläubiger nach seiner Wahl zur Einziehung oder an Zahlungsstatt zum Nennwerth überwiesen wird, selbst wenn er im Falle der ersteren Art der Ueberweisung auf die dadurch erworbenen Rechte verzichtet; oder wenn der Gläubiger

ständige Durchführung jeder einzelnen Vollstreckungsmaßregel eine Instanz.[1])

Art. 26. Diese allgemeine Regel erleidet indessen folgende Modifikationen und Ausnahmen:

1. Besondere Instanzen der Zwangsvollstreckung bilden:
   a) das Verfahren über einen Antrag auf Ertheilung einer weiteren vollstreckbaren Ausfertigung (C.P.O. § 669);
   b) das Vertheilungsverfahren;
   c) das Verfahren zur Abnahme des Offenbarungseides (C.P.O. §§ 781, 782), mag es in Verbindung mit einer anderen Vollstreckungsmaßregel oder unabhängig von einer solchen vorkommen;
   d) die Ausführung der Zwangsvollstreckung in ein gepfändetes Vermögensrecht durch Verwaltung (C.P.O. § 754 Abs. 3).[2])

2. Aus der Zwangsvollstreckung zur Erwirkung einer Handlung scheidet als besonderes Verfahren die Vollstreckung der Entscheidung aus, durch welche der Schuldner zur Vorauszahlung der durch die Vornahme der Handlung[3]) entstehenden Kosten verurtheilt wird.

3. Soll die Zwangsvollstreckung auf Unterlassung oder Duldung einer Handlung durch Strafen ausgeführt werden (C.P.O. § 775 Abs. 1), so bildet eine jede Verurtheilung zu einer Strafe nach Maßgabe des Art. 22 den Schluß der Instanz, so daß mit dem weiteren Antrage auf weitere Verurtheilung eine neue Instanz beginnt.

Die Erwirkung der einer Verurtheilung vorausgehenden Strafandrohung (C.P.O. § 775 Abs. 2) gehört, auch wenn sie dem Urtheil in der Hauptsache nachfolgt, zur Instanz der Hauptsache; dem Rechtsanwalte, welcher diese Instanz nicht geführt hat, steht die im Tarife unter „Zwangsvollstreckung" bezeichnete Gebühr zu.[4])

4. Bei Ausführung der Zwangsvollstreckung auf Vornahme einer Handlung durch Geldstrafen oder Haft (C.P.O. § 774) bildet das gesammte Verfahren eine Instanz.[5])

---

ermächtigt wird, eine dem Schuldner nach dem Urtheil obliegende Handlung auf Kosten des Schuldners vornehmen zu lassen; oder auch sofern die Pfändung für mehrere Gläubiger erfolgt ist, und der Gerichtsvollzieher auf Verlangen der Gläubiger den Erlös hinterlegt hat.

[1]) § 31.

[2]) §§ 32, 39.

[3]) Wenn nämlich die Vornahme der Handlung durch einen Dritten erfolgen kann und der Gläubiger von dem Prozeßgericht ermächtigt ist, sie auf Kosten des Schuldners vornehmen zu lassen (C.P.O. § 733).

[4]) § 33. [5]) § 34.

Art. 27. Die vorstehenden Grundsätze für die Zwangsvollstreckung finden bei Vollziehung eines Arrestbefehls oder einer einstweiligen Verfügung (C.P.O. §§ 808 bis 813, 815) entspechende Anwendung.

Die Instanz dauert bis zur Aufhebung des Arrestes oder der einstweiligen Verfügung oder bis zum Anfange der Zwangsvollstreckung aus dem in der Hauptsache erlassenen Urtheile.[1])

IV. Sonstige Regeln.

Plaidoyer und Vertretung durch Substituten.

Art. 28. Der zum Prozeßbevollmächtigten bestellte Rechtsanwalt, welcher auf Verlangen der Partei die Vertretung in der mündlichen Verhandlung einem anderen Rechtsanwalte übertragen hat, erhält neben den ihm sonst zustehenden Gebühren $^5/_{10}$ der Verhandlungsgebühr. Diese Gebühr wird nach der Regel des Art. 21 auf eine ihm zustehende Verhandlungsgebühr angerechnet.[2])

Ist die Trennung der Funktionen von einem Anwalt ohne ein solches Verlangen, insbesondere aus Gründen, die in der Person des Anwalts liegen, vorgenommen, so fehlt es an einer Verpflichtung der Partei zur Zahlung erhöhter Gebühren; vielmehr wird es dann Sache der Anwälte sein, sich untereinander abzufinden.

Die Uebertragung der Ausführung der Parteirechte allein ist für die Gebühren des Prozeßbevollmächtigten einflußlos; denn da dieser in einem solchen Falle die Vertretung in der mündlichen Verhandlung führt, so steht ihm die Verhandlungsgebühr unverkürzt zu.[3])

Art. 29. Dem Rechtsanwalte, welchem von der Partei oder auf deren Verlangen von dem Prozeßbevollmächtigten nur die Vertretung in der mündlichen Verhandlung oder die Ausführung der Parteirechte in derselben übertragen ist, steht neben der Verhandlungsgebühr die Prozeßgebühr zu $^5/_{10}$ zu. Letztere Gebühr steht ihm auch dann zu, wenn der Auftrag vor der mündlichen Verhandlung erledigt wird.[4])

---

[1]) § 36.

[2]) § 42.

[3]) Mot. S. 56.

[4]) Immerhin wird aber zufolge des Begriffs der Prozeßgebühr vorausgesetzt, daß der Anwalt in irgend einer Weise, z. B. durch Einziehung von Information eine Thätigkeit geleistet hat, für deren Vergütung die Prozeßgebühr bestimmt ist. Trifft diese Voraussetzung nicht zu, so würde ein Anspruch auf Gebühren nicht bestehen.

Erstreckt sich die Vertretung auf eine mit der mündlichen Verhandlung verbundene Beweisaufnahme (Art. 17 Nr. 4), so erhält der Rechtsanwalt außerdem die Beweisgebühr.[1]) Vgl. auch die Tarifposition „Vertretung".

Ausführung einzelner Handlungen durch Nicht-Prozeßbevollmächtigte.

Art. 30. Der nicht zum Prozeßbevollmächtigten bestellte Rechtsanwalt erhält höchstens die für den Prozeßbevollmächtigten bestimmte Gebühr, falls die ihm aufgetragenen Handlungen in den Kreis derjenigen Thätigkeit fallen, für welche die dem Prozeßbevollmächtigten zustehende Gebühr bestimmt ist.[2])

Solche Handlungen sind insbesondere: Vertretung in der mündlichen Verhandlung oder anderen Terminen, Ausführung der Parteirechte (Plaidoyer), Beistandleistung, Vermittelung zwischen der Partei und deren Bevollmächtigten, Anfertigung von Schriftsätzen, Rathsertheilung (Konsultation); — s. a. die Tarifpositionen: Schriftsätze, Rath, Vertretung u. a.

Art. 31. Wird ein Rechtsanwalt, nachdem er in einer Rechtssache — und zwar innerhalb der im Art. 2 bezeichneten Grenzen — thätig gewesen, zum Prozeßbevollmächtigten bestellt, so erhält er für die ihm vorher aufgetragenen Handlungen, soweit für dieselben die dem Prozeßbevollmächtigten zustehende Gebühr bestimmt ist, und als Prozeßbevollmächtigter zusammen nicht mehr an Gebühren, als ihm zustehen würde, wenn er vorher zum Prozeßbevollmächtigten bestellt worden wäre.[3])

Aufhebung des Auftrags.

Art. 32. Wird der einem Rechtsanwalt ertheilte Auftrag durch Tod, Kündigung oder aus sonstigen Gründen vor Beendigung der Instanz aufgehoben, so stehen dem Rechtsanwalte die Gebühren in gleicher Weise zu, als wenn die Instanz zur Zeit der Aufhebung des Auftrags durch Zurücknahme der gestellten Anträge erledigt wäre, unbeschadet der aus einem Verschulden sich ergebenden civilrechtlichen Folgen.[4]) s. a. Art. 35 Absatz 2.

Die Anwaltsgebührenordnung geht davon aus, daß das zwischen dem Auftraggeber und dem Rechtsanwalte bestehende Rechtsverhältniß lediglich den Grundsätzen des bürgerlichen Rechts unterliegt und nach diesen zu beurtheilen, und daß hier nur die eine Folge jenes Rechtsverhältnisses zu regeln ist, wie viel der Rechtsanwalt an Gebühren zu fordern hat, wenn keinem der beiden Theile eine Verschuldung zur

---

[1]) § 43.
[2]) § 48. [3]) § 49. [4]) § 50.

Last fällt. Ausschließlich nach dem bürgerlichen Rechte bestimmt sich dagegen die Frage, welche Folgen ein vertragswidriges Verhalten, insbesondere der unberechtigte Rücktritt vom Vertrag (Kündigung) oder die Nichterfüllung desselben hat, bezw. inwieweit derjenige, welcher ohne Grund kündigt oder den Vertrag nicht erfüllt, seinem Mitkontrahenten verantwortlich und zum Schadensersatze verpflichet ist.[1])

Vertretung mehrerer Streitgenossen.

Art. 33. Bei Vertretung mehrerer Streitgenossen, einschließlich der Nebenintervenienten, stehen dem Rechtsanwalte die Gebühren nur einmal zu. Bei nachträglichem Beitritt von Streitgenossen erhöht sich durch jeden Beitritt die Prozeßgebühr um $^2/_{10}$. Die Erhöhung wird nach dem Betrage berechnet, bei welchem die Vollmachtgeber gemeinschaftlich betheiligt sind; mehrere Erhöhungen dürfen den einfachen Betrag der Prozeßgebühr nicht übersteigen,[2]) d. h. es darf bei

---

1) Mot. S. 59.

2) § 51. Beispiel: Stellt bei einem Rechtsstreit über 10000 ℳ zunächst der bei dem ganzen Streitgegenstande betheiligte A., dann der in Höhe von 1600 ℳ betheiligte B., demnächst der in Höhe von 60 ℳ betheiligte C. Vollmacht aus, so erhöht sich die regelmäßige Prozeßgebühr durch den Hinzutritt von B. von 64 ℳ um $^2/_{10}$ des Gebührensatzes der 10. Werthsklasse, also um 6 ℳ 40 Pf., und durch den Hinzutritt von C. um $^2/_{10}$ des Gebührensatzes der 2. Klasse, also um 40 Pf., zusammen also um 6 ℳ 80 Pf. oder auf 70 ℳ 80 Pf. Nach dem Grundsatze des Art. 6 haftet aber A. nur in Höhe von 64, B. nur in Höhe von 32, C. nur in Höhe von 2 ℳ. Wenn noch weitere Genossen einer nach dem anderen zutreten, so darf die Prozeßgebühr doch das Duplum, also hier den Betrag von 128 ℳ nicht übersteigen.

Dasselbe Ergebniß tritt ein, wenn nachträglich, aber gleichzeitig mehrere Streitgenossen Vollmacht ertheilen.

Zugleich ergiebt sich, daß, wenn eine Rechtsgemeinschaft zwischen den Streitgenossen in Ansehung des Streitgegenstandes auch nicht einmal theilweise vorhanden ist (C.P.O. § 57), eine Erhöhung der Prozeßgebühr um eine Quote nicht eintritt. Für solche Fälle bedarf es aber auch einer Erhöhung nicht, da hier der Hinzutritt von Streitgenossen für den die Mehreren vertretenden Anwalt meistentheils eine höhere Werthsklasse bedingen wird. In gleicher Weise wird sich die Gebührenberechnung gestalten, wenn mehrere Prozesse, in welchen derselbe Anwalt thätig ist, verbunden werden (C.P.O. § 138), nur daß selbstverständlich die Verbindung eine Verringerung der vorher schon erwachsenen Gebühren nicht zur Folge haben kann. Werden z. B. zwei Prozesse über je 200 ℳ nach stattgehabter kontradiktorischer Verhandlung vor der Beweisaufnahme verbunden, so berechnet sich die Prozeß- wie die Verhandlungsgebühr für jeden Prozeß besonders nach dem Gebührensatze der 4., die Beweisgebühr sowie die Gebühr für die nach der Beweisaufnahme stattfindende weitere Verhandlung für beide zusammen nach dem Gebührensatze der 6. Werthsklasse. Die Modifikationen, welche eintreten, wenn die Verbindung der Prozesse wieder aufgehoben wird (C.P.O. § 141), bedürfen keiner Darlegung. Mot. S. 61.

einer Mehrheit solcher Beitritte der doppelte Betrag der Gebühr überhaupt nicht überstiegen werden.

Gebühren der Anwälte beim Reichsgericht.

Art. 34. Für die bei dem Reichsgerichte zugelassenen Rechtsanwälte erhöhen sich sämmtliche Gebührensätze in der Revisionsinstanz um 3/10.[1]) Bei der Benutzung der Tabellen tritt in diesem Falle

an Stelle der Tab. A. — die Tab. C.

„ „ „ Tab. B. — die Tab. D.

Ergänzende Regeln.

Art. 35. Ist für das dem Rechtsanwalt übertragene Geschäft der Betrag der Gebühr in diesem Abschnitt oder dem Tarife nicht angegeben, so erhält er eine unter entsprechender Anwendung der hier dargestellten Vorschriften der Anwaltsgebührenordnung zu bemessende Gebühr.[2])

Das Gleiche gilt, insofern für die begonnene oder vorbereitete Ausführung eines vor der vollständigen Ausführung erledigten Auftrags eine Gebühr nicht vorgesehen ist.[3])

V. Werthsberechnung.

Art. 36. Als Maßstab für die Berechnung der Anwaltsgebühren dient, wie oben schon erwähnt, der Werth des Streitgegenstandes, und zwar soll zunächst die für die Berechnung der Gerichtsgebühren maßgebende Festsetzung des Werthes zu Grunde gelegt werden.[4]) Eine solche Festsetzung wird gerichtsseitig meist schon bei der Erhebung eines Kostenvorschusses vorgenommen werden;[5]) sie kann ferner zum Zwecke der Entscheidung über die Zuständigkeit des Prozeßgerichts oder die Zulässigkeit der Revision[6]) oder auch durch besonderen Beschluß des Prozeßgerichts bezw. Vollstreckungsgerichts schon vor der Aufstellung der Gerichtskosten-Berechnung stattfinden.[7]) Eine spätere Aenderung oder Berichtigung der erfolgten Werthfestsetzung, mag sie von Amtswegen oder zufolge Be-

1) § 52. Die erhöhten Gebühren stehen also nicht einem Rechtsanwalte zu, welchem nur die Ausführung der Parteirechte in der mündlichen Verhandlung vor dem Reichsgerichte übertragen worden ist, sofern er nicht auch bei dem Reichsgerichte zur Praxis zugelassen ist. — Hinsichtlich der in der Uebergangszeit nach den bisherigen Prozeßgesetzen zu erledigenden Sachen vgl. Art. 3.

2) § 89. 3) § 90.

4) §§ 9, 11; s. Ausnahme Art. 38 Nr. 6.

5) G K.G. § 81. 6) G.K.G. § 15. 7) G.K.G. § 16; vgl. auch Art. 22 Nr. 1.

schwerde geschehen, muß also auch bei Berechnung der Anwaltsgebühren berücksichtigt werden. Dem Rechtsanwalt ist deshalb gegen den vorerwähnten Beschluß des Prozeßgerichts bezw. Vollstreckungsgerichts die Beschwerde nach Maßgabe der §§ 531 bis 538 der C.P.O. — auch seinem eigenen Machtgeber gegenüber — gewährt;[1]) dementsprechend können ihm unter Umständen die erwachsenen Abschätzungskosten gemäß § 17 des Gerichtskostengesetzes zur Last gelegt werden.

Art. 37. Liegt eine gerichtliche Festsetzung des Streitwerthes zur Zeit der Berechnung der Anwaltsgebühren noch nicht vor, so ist derselbe unter Anwendung der Vorschriften in den §§ 9 bis 13 des Gerichtskostengesetzes zu ermitteln.[2])

Danach sind für die Werthsberechnung folgende allgemeine Grundsätze zu beachten:

1. Der Streitgegenstand, d. h. das, was Kläger vom Verklagten fordert, ergiebt sich aus den Anträgen in Verbindung mit der Verhandlung.

2. Bei nicht vermögensrechtlichen Ansprüchen[3]) wird der Werth des Streitgegenstandes zu 2000 Mark, ausnahmsweise niedriger oder höher, jedoch nicht unter 200 Mark und nicht über 50000 Mark angenommen.

Ist mit einem nicht vermögensrechtlichen Anspruch ein aus ihm hergeleiteter vermögensrechtlicher verbunden, so ist nur ein Anspruch, und zwar der höhere maßgebend.[4])

Wie bei nicht vermögensrechtlichen Ansprüchen, findet auch die Werthsberechnung in Angelegenheiten von Pfandbriefanstalten statt, wenn es sich nämlich um Abberufung des Pfandhalters wegen Pflichtverletzung handelt.[5])

3. Für die Werthsschätzung vermögensrechtlicher Ansprüche ist der nach allgemeinen Grundsätzen[6]) zu beurtheilende Werth des Streitgegenstandes — bei Berücksichtigung der Angabe der Parteien — maßgebend.[7])

---

1) § 12. 2) § 10.

3) Nämlich Ansprüchen, welche den Personen- und Familienstand betreffen, wie: Ehegelöbnisse, Ehesachen, Einwilligung zur Eheschließung (§ 32 des Reichsgesetzes vom 6. Februar 1875), Entmündigung, Anerkennung der Vaterschaft (aber nicht Alimentenansprüche).

4) G.K.G. § 10; die Bestimmung des Abs. 2 wird häufig bei Schwängerungssachen Anwendung finden.

5) Reichsgesetz betr. das Faustpfandrecht für Pfandbriefe und ähnliche Schuldverschreibungen. (Entwurf 2c. Reichstags-Drucksachen Nr. 50 und 245 von 1879.)

6) Prot. der nordd. Proz.Komm. B. 1 S. 80.

7) Einige Regeln bringt auch „das deutsche Gerichtskostenwesen" von Pfafferoth S. 25.

Eine Aenderung des Streitgegenstandes selbst kommt für die spätere Thätigkeit in Betracht, wenn sie die Festsetzung einer anderen als der früher zutreffenden Werthsklasse bedingt.[1])

4. Entscheidend ist der Zeitpunkt der Erhebung der Klage[2]) oder der später eingetretenen Rechtshängigkeit.[3])

Der Zeitpunkt der Erhebung der Klage bestimmt sich in der Regel durch den Tag, an welchem das den Klage- oder Widerklage-Antrag enthaltende, bezw. den Antrag erweiternde oder beschränkende Schriftstück zugestellt worden ist. C.P.O. §§ 230, 240, 253, 460. Bei öffentlichen Ladungen gilt das Schriftstück als an dem Tage zugestellt, an welchem seit der letzten Einrückung des Auszugs in die öffentlichen Blätter ein Monat verstrichen ist, sofern nicht das Prozeßgericht eine längere Frist für erforderlich erklärt. C.P.O. § 189.

Bei den an ordentlichen Gerichtstagen oder nach erfolgtem Sühneversuch vor dem Amtsgericht erhobenen Klagen, C.P.O. §§ 461, 471, sowie in dem Falle, daß im Laufe der Verhandlung ein Antrag (Einrede, Widerklage, Incidentklage) gestellt wird, ist die mündliche Verhandlung, in welcher der betr. Anspruch geltend gemacht worden ist, maßgebend.

Ist gegen einen Zahlungsbefehl im Mahnverfahren rechtzeitig Widerspruch erhoben, so wird die Klage als mit der Zustellung des Zahlungsbefehls erhoben angesehen. C.P.O. § 636.

Dasselbe wird auch bei Einlegung des Einspruchs gegen den Vollstreckungsbefehl gelten können.

Ist das Verfahren nicht durch Klageerhebung eingeleitet worden, so wird es in der Regel auf den Tag ankommen, an welchem die Anträge bei Gericht erhoben worden sind, bezw. der Auftrag dem Rechtsanwalt ertheilt oder dessen Thätigkeit in Anspruch genommen worden ist.

5. Früchte, Nutzungen,[4]) Zinsen, Schäden[5]) und Kosten bleiben unberücksichtigt, wenn sie als Nebenforderungen geltend gemacht werden,[6]) und zwar sowohl die bereits entstandenen, wie auch die

---

[1]) Mot. zum G.K.G. S. 41.

[2]) C.P.O. § 4 und G.K.G. § 9.

[3]) Mot. zum G.K.G. S. 41.

[4]) Renten aus Grundstücken, aus Steinbrüchen, Forst-, Jagd- und Weidenutzung u. a.

[5]) Und zwar sowohl der wirkliche Schaden, wie auch der entgangene Gewinn.

[6]) C.P.O. § 4 u. K.G. § 9. — In folgenden Fällen werden Zinsen, Nutzungen, Kosten wohl als Hauptforderungen zu betrachten sein:

a) wenn der Kläger als Vollmachtgeber von seinem Mandatar die Ablieferung eines für ihn nebst Zinsen und Kosten einkassirten Kapitals verlangt;

während der Dauer des Prozesses auflaufenden Beträge.[1]) Bei der Zwangsvollstreckung wegen einer Geldforderung werden dagegen die einzuziehenden Zinsen mitberechnet.[2])

Andere als die voraufgeführten accessorischen Forderungen werden immer als Hauptforderung gelten müssen, wie z. B. Konventionalstrafen, soweit solche nicht nach den Umständen und nach der Absicht der Partei als Schäden anzusehen sind.

Als Nebenforderung wird eine Forderung gelten, wenn sie als eine von mehreren gleichzeitig geltend gemachten Ansprüchen in ihrem Wesen und Bestande im Abhängigkeitsverhältnisse zu einem andern dieser Ansprüche steht, welcher zu ihr im Verhältniß als Hauptforderung erscheint.

6. Mehrere in einer Klage geltend gemachte Ansprüche werden — natürlich ohne Berücksichtigung der voraufgeführten Nebenforderungen — zusammengerechnet,[3]) auch wenn sie auf verschiedenen Gründen beruhen und wenn sie von mehreren Klägern oder gegen mehrere Beklagte erhoben sind.[4])

Demgemäß werden auch bei anderen Angelegenheiten oder für den Fall, daß die Sache noch nicht vor das Gericht gebracht ist, die mehreren Ansprüche, auf welche sich die Thätigkeit des Rechtsanwalts gleichzeitig erstreckt hat, für die Gebührenberechnung zusammenzuzählen sein.

Die Zusammenrechnung wird analog auch bei einer auf Grund des § 138 der C.P.O. angeordneten Verbindung mehrerer Prozesse stattfinden; dagegen hat die Anordnung der Verhandlung in getrennten Prozessen laut §§ 136 und 274 der C.P.O. die abgesonderte Berechnung der Gegenstände zur Folge;[5]) s. a. Anm. zu Art. 33.

7. Soweit Klage und Widerklage, welche nicht in getrennten Prozessen verhandelt werden, denselben Streitgegenstand betreffen, sind die Gebühren nach dem einfachen Werthe dieses Gegen-

---

b) soweit nicht Zinsen zu derjenigen Forderung oder Nutzungen zu derjenigen Sache gehören bezw. durch sie hervorgebracht sind, welche zugleich eingeklagt ist;

c) wenn Zinsen durch Novation mit der Sache verschmolzen sind, so daß die Ausscheidung nicht mehr statthaft ist; beim Konto-Kurrentverhältniß;

d) wenn bezahlte Kapitalien nebst Zinsen und Kosten gegen einen Dritten, der dafür haftet, im Regreßwege eingeklagt werden, z. B. von dem Bürgen gegen den Hauptschuldner, beim Wechselregreß (Wechselordnung Art. 51, betreffs der dort unter Nr. 1 erwähnten untheilbaren Hauptsache).

[1]) Mot. zur C.P.O. [2]) G.K.G. § 13 Abs. 2.

[3]) C.P.O. § 5. [4]) Mot. zur C.P.O.

[5]) Mot. zum G.K.G. S. 41.

standes zu berechnen. Soweit beide Klagen nicht denselben Streitgegenstand betreffen, sind die Gegenstände zusammenzurechnen.

Das Gleiche gilt für wechselseitig eingelegte Rechtsmittel, welche nicht in getrennten Prozessen verhandelt werden.[1])

Der Fall, daß Klage und Widerklage denselben Gegenstand betreffen liegt sowohl dann vor, wenn die beiderseitigen Anträge sich auf denselben individuell bestimmten Gegenstand beziehen, z. B. confessoria und negatoria gegeneinanderstehen, als auch dann, wenn eine Gegenforderung erhoben wird, welche eine Kompensation mit der — an sich nicht bestrittenen — Forderung des Klägers begründen soll, deren überschießender Betrag aber widerklagend gefordert wird. In letzterem Fall ist nur der Betrag dieser Gegenforderung Streitgegenstand; der Gesammtbetrag beider Forderungen aber, wenn die Klagforderung an sich bestritten, daneben aber eine Gegenforderung widerklagend erhoben und event. zugleich zur Kompensation gebracht wird.[2])

8. Handelt es sich bei einem der nach den vier Gebührenarten sich abgrenzenden Akte oder Momente[3]) der anwaltlichen Thätigkeiten nur um einen Theil des Streitgegenstandes, so sind die betreffenden Gebühren nur nach dem Werthe dieses Theils zu berechnen.

Sind von einzelnen Werthstheilen in derselben Instanz für gleiche Arten der Thätigkeit Gebühren zu berechnen, so darf nicht mehr erhoben werden, als wenn die Gebühr von dem Gesammtbetrage der Werthstheile zu berechnen wäre; treten für gleiche Arten der Thätigkeit verschiedene Gebührensätze ein, so ist der nicht zu überschreitende Gesammtbetrag nach dem höchsten dieser Gebührensätze zu berechnen.[4])

Betrifft die anwaltliche Thätigkeit nur Früchte, Nutzungen, Zinsen, Schäden oder Kosten als Nebenforderungen ohne den Hauptanspruch, so ist der Werth dieser Nebenforderungen — einschließlich der während des Rechtsstreits entstehenden[5]) — insoweit maßgebend, als er den Werth des Hauptanspruchs nicht übersteigt; betrifft die Thätigkeit die Kosten des Rechtsstreits ohne den Hauptanspruch, so ist der Betrag der Kosten, ohne Rücksicht auf seine Höhe maßgebend.[6])

Art. 38. Für einzelne, häufig vorkommende Fälle sind ferner noch nachstehende Vorschriften gegeben.

1. Der Werth des Streitgegenstandes wird bestimmt: durch den

---

1) G.K.G. § 11.

2) Mot. zum G.K.G. S. 41 und Konstatirung der Reichstags-Kommission.

3) z. B. für die kontradiktorische mündliche Verhandlung.

4) G.K.G. § 12 und Konstatirung der Reichstags-Kommission dazu.

5) Mot. zum G.K.G. S. 43.

6) G.K.G. § 13.

Werth einer Sache, wenn deren Besitz,[1]) und durch den Betrag einer Forderung, wenn deren Sicherstellung oder ein Pfandrecht (Hypothek, Faustpfand, Nutzungspfand) Gegenstand des Streits ist. Hat der Gegenstand des Pfandrechts einen geringeren Werth, so ist dieser maßgebend.[2])

Bei Klagen, welche Eigenthum oder dingliches Recht zum Gegenstande haben, ist zweifellos immer der Werth der Sache entscheidend.

2. Der Werth einer Grunddienstbarkeit[3]) wird durch den Werth, welchen dieselbe für das herrschende Grundstück hat, und wenn der Betrag, um welchen sich der Werth des dienenden Grundstücks durch die Dienstbarkeit mindert, größer ist, durch diesen Betrag bestimmt.[4])

3. Ist das Bestehen oder die Dauer eines Pacht- oder Miethverhältnisses streitig, so ist der Betrag des auf die gesammte streitige Zeit fallenden Zinses und, wenn der fünfundzwanzigfache Betrag des einjährigen Zinses geringer ist, dieser Betrag für die Werthsberechnung entscheidend.[5])

4. Der Werth des Rechts auf wiederkehrende Nutzungen oder Leistungen wird nach dem Werthe des einjährigen Bezugs berechnet und zwar:

auf den zwölfundeinhalbfachen Betrag, wenn der künftige Wegfall des Bezugsrechts gewiß, die Zeit des Wegfalls aber ungewiß ist;

auf den fünfundzwanzigfachen Betrag, bei unbeschränkter oder bestimmter Dauer des Bezugsrechts. Bei bestimmter Dauer des Bezugsrechts ist der Gesammtbetrag der künftigen Bezüge maßgebend, wenn er der geringere ist.[6])

Es kommt darauf an, daß das Recht selbst und nicht nur einzelne Beträge streitig sind; rückständige periodische Nutzungen bleiben, sofern sie neben dem Recht selbst geltend gemacht werden, nach der Regel des Art. 37 Nr. 5 bei der Werthsberechnung außer Betracht.

Der einjährige Bezug wird bei Ansprüchen, welche nach unbestimmten Zwischenräumen wiederkehren, durch Reduktion, und bei ungleichen, wechselnden Leistungen nach dem Durchschnitt des Gesammtbetrages eines bestimmten Zeitraums festzustellen sein.[7])

---

[1]) Dies gilt auch für Klagen, welche die Erhaltung und Herausgabe des Besitzes, sowie die Abwehr einer Besitzstörung bezwecken.

[2]) C.P.O. § 6. [3]) nicht zu verwechseln mit Reallasten; vgl. C.P.O. § 25 Abs. 2.

[4]) C.P.O. § 7. [5]) C.P.O. § 8. [6]) C.P.O. § 9.

[7]) Beispielsweise wird, wenn ein Recht auf Lebenszeit währt, der 12½fache Betrag Platz greifen und bei Streitigkeiten wegen Erhöhung des Zinsfußes einer Schuld das 12½fache desjenigen, was an Zinsen mehr zu entrichten ist, den Streitgegenstand bilden.

5. Der Werth des Streitgegenstandes eines Prozesses über die Richtigkeit oder das Vorrecht einer im Konkursverfahren streitig gebliebenen Forderung ist mit Rücksicht auf das Verhältniß der Theilungsmasse zur Schuldenmasse festzusetzen.[1])

Als Theilungsmasse gilt hier der Theil der Konkursmasse, welcher nach der, unabhängig von dem Konkursverfahren erfolgten Befriedigung der Absonderungsansprüche und nach Abzug der Masseschulden und Massekosten einschließlich der gerichtlichen Kosten zur Befriedigung der Konkursgläubiger verwendbar bleibt.[2])

6. Im Vertheilungsverfahren wird der Werth des Streitgegenstandes durch den Betrag der vertretenen Forderung, und wenn der zu vertheilende Geldbetrag geringer ist, durch diesen Betrag bestimmt.[3])

Art. 39. Außerdem mögen hier noch einige Erläuterungen zu den vorstehenden Grundsätzen Platz finden:

1. Wird vom Beklagten die Verpflichtung, unter Bestreiten des beanspruchten Ortes der Erfüllung anerkannt und wohnt der Frage über den Erfüllungsort nicht in dem Maße eine Bedeutung bei, daß eine Aenderung des Ortes die eingeklagte Leistung ihrem Wesen nach ändert, so ist die Verhandlungs- und Beweisgebühr nach dem Interesse der Parteien an dem einen oder anderen Orte der Erfüllung und im Falle einer Divergenz das Interesse des Klägers von dem des Beklagten nach dem höheren Betrage analog dem Grundsatz des Art. 38 Nr. 2 zu berechnen.

In ähnlich entsprechender Weise gestaltet sich die Werthsberechnung, wenn sich der Streit auf die Zeit der Erfüllung beschränkt.

2. Wenn bei Einlegung der Berufung, der Revision oder des Einspruchs der dieserhalb zuzustellende Schriftsatz eine Beschränkung auf einen Theil des Streitgegenstandes nicht enthält, so ist die Annahme begründet, daß das Rechtsmittel oder der Einspruch den bisherigen Streitgegenstand insoweit umfassen solle, als über denselben zum Nachtheile der in Frage stehenden Partei entschieden ist. Diese Annahme ist aber nur dann maßgebend, wenn die Gebühr nicht gemäß Art. 37 Nr. 8 nach dem von den einzelnen Akten betroffenen Theil des Streitgegenstandes zu berechnen ist.[4])

3. Der Gegenstand bei dem Verfahren über die vorläufige Vollstreckbarkeit eines Urtheils ist identisch mit dem des Anspruchs,

---

1) K.O. § 136.
2) K.O. §§ 1, 3, 50–53.
3) § 39.
4) vgl. Mot. zum G.K.G. S. 45.

um dessen Vollstreckung es sich handelt, auch wenn ausnahmsweise die gerichtlichen Entscheidungen der Zeit nach auseinander fallen.[1])

4. Für die Werthsbestimmung in der Zwangsvollstreckung einschließlich des Verfahrens über die vorläufige Einstellung, Beschränkung oder Aufhebung einer Zwangsvollstreckung ist gewöhnlich der Betrag der zu vollstreckenden Forderung maßgebend. Handelt es sich jedoch um Pfändung eines Gegenstandes, dessen Werth den Betrag der Forderung nicht erreicht, so ist der geringere Werth des Gegenstandes entscheidend. Wenn es sich lediglich um Modalitäten der Zwangsvollstreckung handelt, z. B. um die Art und Weise der Zwangsvollstreckung oder das bei derselben vom Gerichtsvollzieher zu beobachtende Verfahren, die Weigerung des Gerichtsvollziehers, einen Vollstreckungsantrag zu übernehmen (C.P.O. § 685) oder um die Weise oder den Ort für die Verwerthung einer gepfändeten Sache (C.P.O. § 726), so kann das Interesse selbstverständlich auch unter dem Betrage der Forderung oder des Werths des zu pfändenden Gegenstandes festgesetzt werden.

[1]) vgl. Mot. zum G.K.G. S. 44.

Gebühren-Tarif

für besondere Verfahrensarten und für einzelne Prozeßvorkommnisse und Handlungen in bürgerlichen Rechtsstreitigkeiten, sowie für Patentstreitsachen und das schiedsrichterliche Verfahren.

Erläuterungen.

1. Bei der Benutzung des Tarifs sind selbstredend die im zweiten Abschnitt gegebenen allgemeinen Regeln zu beachten.
2. Besteht die Vergütung der anwaltlichen Thätigkeit in den „Gebühren der Art. 16, 17", so können je nach dem Umfange der Thätigkeit die Prozeßgebühr, die Verhandlungsgebühr, die Vergleichsgebühr und die Beweisgebühr — sei es im vollen oder theilweisen Betrage — einzeln oder zusammen in Ansatz kommen.
3. Besteht dagegen die Vergütung in dem vollen oder theilweisen Betrage der „Normalgebühr" (Tab. A., Spalte 1), so kann dieser Betrag stets nur einmal und ohne Rücksicht auf die Prozeßart liquidirt werden.
4. Sofern wegen der Gebühren im Urkunden- und Wechselprozeß nicht auf die Tabelle B. besonders hingewiesen, sondern nur auf Tabelle A. Bezug genommen wird, erfolgt der Ansatz immer nur nach dieser Tabelle A.
5. Ist als Vergütung nur eine der vier Gebührenarten (Art. 16) genannt, so richtet sich die Höhe der Gebühr stets nach der betreffenden Prozeßart — s. Position „Prozesse". — $^5/_{10}$ der Prozeßgebühr z. B. beträgt danach in einem Wechselprozeß $^5/_{10}$ von $^6/_{10} = {}^3/_{10}$ der Normalgebühr.

   Dabei können auch die im Art. 17 verzeichneten Modalitäten der Erhöhung oder Ermäßigung der Gebühren Platz greifen.
6. Treten für die Thätigkeit der Anwälte beim Reichsgericht in der Revisionsinstanz erhöhte Gebührensätze nach Maßgabe des Art. 34 ein, so ist

   an Stelle der Tabelle A. — die Tabelle C.,
   " " " " B. — " " D.

   zu benutzen.

Ablehnung eines Richters, Gerichtsschreibers oder Sachverständigen s. diese.

Ablieferung von Geldern s. Gelderhebung.

Abschriften s. Art. 60: Schreibgebühr.

Aenderung einer Entscheidung s. diese.

Aktenübersendung.

Die Uebersendung der Handakten an den Bevollmächtigten einer anderen Instanz gehört zur Instanz und ist daher gebührenfrei, ebensowenig dürfen für Verpackung Auslagen berechnet werden; s. Art. 22 Nr. 8 und Art. 59.

Wegen der mit der Uebersendung verbundenen gutachtlichen Aeußerungen s. Korrespondenz-Mandatar.

Amortisation s. Aufgebotssachen.

Anfertigung eines Schriftsatzes s. diesen.

Anträge s. Schriftsatz.

Armenrecht.

Soweit sich die anwaltliche Thätigkeit ausschließlich auf die Bewilligung oder Entziehung des Armenrechts, sowie die Verpflichtung zur Nachzahlung von Kosten (C.P.O. § 117) erstreckt, erhält der Rechtsanwalt $^{3}/_{10}$ der Gebühren der Art. 16, 17 — Tab. A. Spalte 3 (auch im Urkunden- und Wechselprozeß).[1])

Der für die Hauptsache zum Prozeßbevollmächtigten bestellte Rechtsanwalt kann dagegen diese Gebühren neben seinen Gebühren für die Instanz nicht besonders erheben; vgl. Art. 22 Nr. 6.

Arrest und einstweilige Verfügung.[2])

1. Soweit das Verfahren mit dem Verfahren über die Hauptsache derart verbunden ist, daß der Arrestantrag u. s. w. in denselben Schriftsätzen und denselben Verhandlungen zusammen mit der Hauptsache verhandelt wird, gehört es für die Gebührenberechnung zur Instanz und es muß alsdann der Grundsatz des Artikel 21 Anwendung finden (s. Art. 22 Nr. 4 und Art. 14 Nr. 5 letzten Absatz).

2. Sofern es jedoch von dem Verfahren über die Hauptsache getrennt ist, werden Gebühren besonders erhoben, auch wenn die Hauptsache erst nach Beginn des Arrestverfahrens anhängig wird und es findet eine Anrechnung auf die Gebühren in der Hauptsache nicht statt.

---

[1]) § 23 u. G.K.G. § 47 Nr. 2.

[2]) Einstweilige Verfügungen sind in Betreff des Streitgegenstandes zulässig, wenn ohne dieselben eine Veränderung des bestehenden Zustandes zu besorgen ist, durch welche die Verwirklichung des Rechts einer Partei auf den Streitgegenstand oder an demselben vereitelt oder wesentlich erschwert werden würde; sie dienen ferner zur Regelung eines einstweiligen Zustandes in Bezug auf ein streitiges Rechtsverhältniß. Davon zu unterscheiden sind „einstweilige Anordnungen", wie solche z. B. bei Einlegung einer Beschwerde oder bei Einwendung gegen die Ertheilung der Vollstreckungsklausel getroffen werden können.

Betrifft die Thätigkeit des Rechtsanwalts ausschließlich die Anordnung, Abänderung oder Aufhebung eines Arrestes oder einer einstweiligen Verfügung, so erhält er (auch im Urkunden- und Wechselprozeß):

a) in der Regel, und soweit nicht nachträglich eine Gebühr zu b. zur Erhebung kommt, $^{3}/_{10}$ der Gebühren der Art. 16, 17 — Tab. A. Spalte 3,[1])

b) sofern aber die Entscheidung durch Endurtheil zu treffen ist, $^{5}/_{10}$ der Gebühren der Art. 16, 17 — Tab. A. Spalte 5.[2])

Durch Endurtheil ist die Entscheidung zu erlassen

auf das Arrestgesuch, wenn der Entscheidung eine mündliche Verhandlung voraufgeht, — wogegen, wenn solche nicht stattfindet, die Entscheidung durch Beschluß erfolgt (C.P.O. § 802);

über den Widerspruch des Schuldners gegen einen den Arrest anordnenden Arrestbeschluß (C.P.O. § 805);

über die Aufhebung des Arrestes wegen veränderter Umstände, wenn die Hauptsache nicht anhängig ist, und der Gläubiger der Anordnung des Arrestgerichts, binnen einer bestimmten Frist Klage zu erheben, nicht Folge leistet (C.P.O. §§ 806 Abs. 2, 807).

Das Gleiche gilt für einstweilige Verfügungen (C.P.O. § 815).

3. Für die Vollziehung eines Arrestgesuchs finden die Regeln über die Gebührenerhebung in der Zwangsvollstreckung Anwendung; s. diese Position.

Assistenz s. Beistand.

Aufgebotsverfahren.

Sofern das Aufgebotsverfahren den Vorschriften der Civilprozeßordnung unterliegt, stehen dem Rechtsanwalte, als Vertreter des Antragstellers (C.P.O. § 824), $^{3}/_{10}$ der Normalgebühr zu — Tab. A. Spalte 3:

1) für den Betrieb des Verfahrens, einschließlich der Information;
2) für den Antrag auf Erlaß des Aufgebots;
3) für die Wahrnehmung des Aufgebotstermins.

Als Vertreter einer anderen Person erhält der Rechtsanwalt diese Gebühr nur einmal.[3])

Die Thätigkeit bei Beantragung des Aufgebots wird ebenso, wie die bei Wahrnehmung des Aufgebotstermins als eine einheitliche zusammengefaßt, so daß eine Erhöhung der Gebühr nicht eintritt, wenn nach einander mehrere Anträge zu stellen bezw. mehrere Termine wahrzunehmen sind.[4])

Die Anfechtung eines Ausschlußurtheils gilt für die Gebührenerhebung als besonderes Verfahren.

Die Civilprozeßordnung behandelt nur die öffentlichen gerichtlichen Aufforderungen an unbestimmte Gegner oder unbekannte Betheiligte zur Anmeldung von Ansprüchen und Rechten bei Vermeidung von Rechtsnachtheilen, und zwar nur insoweit, als diese Aufforderung nicht Theile

---

1) § 23 und G.K.G. § 35 Nr. 4; vgl. auch Anmerkung zur Position: Zwangsvollstreckung Nr. 7.

2) § 20 und G.K.G. § 26 Nr. 9. 3) § 40. 4) Mot. S. 54.

eines anderen, besonders geregelten gerichtlichen Verfahrens, wie des Konkurs=, erbschaftlichen Liquidations= oder Subhastationsverfahrens bilden.

Es fallen unter dieses Gesetz unter anderen:

Todes= und Verschollenheitserklärungen, gerichtliche Aufgebote gefundener Sachen, von Hypothekenposten, unbekannter Erben, sowie alle Arten Aufgebote zur Kraftloserklärung von Urkunden (besonders von Wechseln) und Werthpapieren.

Aufnahme des Verfahrens.

$^5/_{10}$ der Gebühren der Art. 16, 17 — Tab. A. Spalte 5 (auch im Urkunden= und Wechselprozeß) — erhält der Rechtsanwalt, wenn seine Thätigkeit ausschließlich betrifft:

die Aufnahme

eines — durch Tod oder Verlust der Prozeßfähigkeit einer Partei oder Wegfall des gesetzlichen Vertreters — unterbrochenen oder ausgesetzten Verfahrens, C.P.O. §§ 217—227,

oder von Rechtsstreitigkeiten über das zu einer Konkursmasse gehörige Vermögen, welche zur Zeit der Eröffnung des Konkursverfahrens für den Gemeinschuldner anhängig sind. K.O. § 8.[1])

Gebühren können hier nur liquidirt werden, wenn eine Partei die zögernde Gegenpartei zur Aufnahme drängt und zwar bei Widerspruch oder bei Versäumniß.[2]) Ergeht gemäß § 217 Abs. 4 C.P.O. gegen den Rechtsnachfolger ein Versäumnißurtheil, so kann für dieses Verfahren eine Gebühr nicht zum Ansatz kommen, falls zur Hauptsache weiter verhandelt wird, es sei denn, daß Einspruch gegen das Versäumnißurtheil eingelegt und zugelassen werde, in welchem Falle die Regeln über den Einspruch (s. diese) Platz greifen.

Im Uebrigen ist hier das bei „prozeßhindernde Einreden" Ausgeführte zu berücksichtigen.

Auktor — Benennung s. Rechtsstreit.

Ausführung der Parteirechte s. Art. 29.

Aussetzung des Verfahrens s. Prozeßleitung.

Bedingtes Urtheil s. Erledigung.

Beistand.

Für die Thätigkeit als Beistand stehen dem Rechtsanwalt die gleichen Gebühren zu wie für die Vertretung; s. insbesondere Art. 17, 30, 31 — vgl. auch „Vertretung".

Berichtigung eines Urtheils.

Soweit sich die anwaltliche Thätigkeit ausschließlich auf die Berichtigung eines Urtheils (bei Schreibfehlern, Rechnungsfehlern oder ähnlichen offenbaren Unrichtigkeiten) oder des Thatbestandes desselben (bei Unrichtigkeiten, Auslassungen, Dunkelheiten oder Widersprüchen in demselben) erstreckt (C.P.O. §§ 290, 291), erhält der Rechtsanwalt $^3/_{10}$ der Gebühren der Art. 16, 17 — Tab. A. Spalte 3 (auch im Urkunden= und Wechselprozeß).[3])

---

[1]) § 20 u. G.K.G. § 26 Nr. 4. [2]) Mot. zum G.K.G.

[3]) § 23 u. G.K.G. § 47 Nr. 10.

Der für die Hauptsache zum Prozeßbevollmächtigten bestellte Rechtsanwalt kann dagegen diese Gebühren neben seinen Gebühren für die Instanz nicht besonders erheben — vgl. Art. 22 Nr. 6.

Berufung.

1. In der Berufungs-Instanz sind die Gebührensätze gleich hoch, wie die in der ersten Instanz.
   Hinsichtlich der Werthsberechnung s. Art. 39. Nr. 2.
2. $^5/_{10}$ der Gebühren der Art. 16, 17 — Tab. A. Spalte 5 (auch im Urkunden- und Wechselprozeß) erhält der Rechtsanwalt, wenn seine Thätigkeit ausschließlich betrifft:
   a) die Zulässigkeit der Berufung (C.P.O. § 497) oder die Zurücknahme derselben (C.P.O. 476 — betr. Feststellung der Wirkungen der Zurücknahme).[1])
   Hierbei finden die Ausführungen bei „prozeßhindernde Einreden" entsprechende Anwendung —
   oder
   b) die gegen ein Versäumnißurtheil eingelegte Berufung.[2])
3. Eine Gebühr in Höhe von $^5/_{10}$ der Prozeßgebühr steht dem mit Einlegung der Berufung beauftragten Rechtsanwalte zu, wenn derselbe von der Einlegung abräth — auch wenn der Rath nicht verlangt war — und der Auftraggeber seinen Auftrag zurücknimmt.[3]) Tab. A. Spalte 5; vgl. Position „Rath".
4. Die durch Klageerhebung erfolgende Berufung auf den Rechtsweg gegen Entscheidungen zu den ordentlichen Gerichten nicht gehörender Behörden gilt als ein selbständiges nach den allgemeinen Regeln für sich zu vergütendes Verfahren.

Beschlagnahme s. Zwangsvollstreckung und Arrest.

Beschwerde.

1) In der Beschwerdeinstanz erhält der Rechtsanwalt $^3/_{10}$ der Gebühren der Art. 16, 17 — Tab. A. Spalte 3. — In der Instanz der an eine Nothfrist[4]) nicht gebundenen Beschwerde steht dem Rechts-

---

[1]) § 20 u. G.K.G. § 26 Nr. 5.

[2]) nämlich wenn dieselbe darauf gestützt wird, daß der Fall der Versäumniß nicht vorgelegen hat (C.P.O. § 474 Abs. 2), § 20 u. G.K.G. § 26 Nr. 6.

[3]) § 47.

[4]) Beschwerden, welche an eine Nothfrist gebunden sind (sofortige Beschwerden), werden als solche in der Civilprozeßordnung, der Konkursordnung und anderen Reichs- und Landesgesetzen stets erkennbar bezeichnet; vgl. § 201 Abs. 3 der C.P.O.

Nach der Civilprozeßordnung ist die sofortige Beschwerde gegen folgende gerichtliche Entscheidungen zulässig:

1. Zurückweisung der Ablehnung einer Gerichtsperson oder eines Sachverständigen (§§ 46, 49, 371);
2. Entscheidung des Zwischenstreits einer Partei mit einem Nebenintervenienten, dem gegnerischen Anwalt, einem Zeugen oder Sachverständigen (§§ 68, 126, 352, 367);
3. Festsetzung der einer Partei zu erstattenden Prozeßkosten (§ 99);
4. Entscheidung über Aussetzung des Verfahrens (§ 229);

anwalt jedoch die Prozeßgebühr nicht zu, wenn ihm dieselbe (die Prozeßgebühr) oder eine Gebühr im Sühneverfahren, Mahnverfahren, Vertheilungsverfahren oder Aufgebotsverfahren (s. diese Tarifpositionen) in der Instanz zustand, in welcher die angefochtene Entscheidung ergangen ist.[1])

2) Auch dann, wenn einer für begründet erachteten Beschwerde von dem Gericht oder Vorsitzenden, dessen Entscheidung angefochten ist, abgeholfen wird, sind die Gebühren in entsprechendem Umfange (meist wohl nur die Prozeßgebühr) zu liquidiren.

3) Zur Beschwerdeinstanz gehört auch die durch die Einlegung der Beschwerde hervorgerufene Aussetzung der angefochtenen Entscheidung und Erlaß einstweiliger Anordnung.

4) Obige Bauschgebühren werden für jeden vor die ordentlichen Gerichte gehörigen und nach den Vorschriften der Civilprozeßordnung zu erledigenden Fall der Einlegung des Rechtsmittels der Beschwerde, — einschließlich der weiteren Beschwerde gegen die Entscheidung des Beschwerdegerichts — und ohne Rücksicht auf die Art der Rechtsstreitigkeit erhoben, selbst wenn die angefochtene Entscheidung in einem landesgesetzlich geregelten Verfahren oder vor einer nicht zu den ordentlichen Gerichten zu zählenden Behörde erlassen sein sollte. Eine Ermäßigung für den Fall, daß nur die Zulässigkeit des Rechtsmittels in Frage kommt, findet nicht statt.

Dieselben Gebühren kommen auch für Beschwerden im Konkurs-Verfahren zum Ansatz.

5) Dagegen ist die Erhebung obiger Gebühren ausgeschlossen bei Beschwerden, welche in den Bereich der Disciplin der Gerichte gehören, wie Beschwerden über den Geschäftsbetrieb, über Verzögerungen und Unregelmäßigkeiten; ferner bei Beschwerden gegen die Entscheidung, welche die Rechtshülfe für unzulässig erklärt im Falle des § 160 des Gerichtsverfassungsgesetzes.

Bevollmächtigter s. Kostentragung.

Beweisaufnahme s. Vertretung.

Beweisaufnahme zum ewigen Gedächtniß s. Sicherung des Beweises.

Ehesachen Zwangsmaßregeln gegen Parteien s. Prozeßleitung; s. a. Art. 17 Nr. 2 und wegen der Werthsberechnung Art. 37 Nr. 2.

Eidesleistung s. Erledigung und Vertretung.

---

5. Berichtigung des Urtheils gegen Schreibfehler, Rechnungsfehler oder ähnliche offenbare Unrichtigkeiten (§ 290);
6. Versagung des Versäumnißurtheils (§ 301);
7. Verurtheilung von Gerichtsschreibern, Gerichtsvollziehern und Vertretern von Parteien zur Tragung von Kosten (§ 97);
8. Beschluß auf Ablehnung oder Wiederaufhebung einer Entmündigung (§§ 604, 619, 621) mit der Ausnahme des § 625;
9. Entscheidungen, welche im Zwangsvollstreckungsverfahren ohne mündliche Verhandlung erlassen werden können (§ 701);
10. Zurückweisung eines Gesuchs auf Erlaß eines Zahlungsbefehls (§ 639);
11. Versagung des Ausschlußurtheils im Aufgebotsverfahren (§ 829).

[1]) § 41.

Einreden s. prozeßhindernde Einreden.

Einspruch.

1. Betrifft die Thätigkeit des Rechtsanwalts ausschließlich den Einspruch (d. h. Einlegung, Verzicht, Zurücknahme, Zuläſſigkeit, Verwerfung desselben), sei es gegen ein Versäumnißurtheil, oder gegen einen Vollstreckungsbefehl, so erhält er $^5/_{10}$ der Gebühren der Art. 16, 17 — Tab. A. Spalte 5 (auch im Urkunden- und Wechselprozeß).[1]
2. Diese Gebührenerhebung darf aber nur dann stattfinden, wenn das Einspruchs-Verfahren nicht zur Instanz der Hauptsache zu rechnen ist, da sonst die Regel des Art. 21 Platz greifen würde.
3. Das Verfahren über den Einspruch gegen ein Versäumnißurtheil gilt nur im Falle der Zurücknahme oder Verwerfung[2]) des Einspruchs als neue Instanz, mit Ausnahme der Prozeßgebühr, welche also in dieser Einspruchs-Instanz nicht besonders erhoben werden darf.

   Dies gilt für die Gebühren der Anwälte beider Parteien.
4. Andererseits steht im Falle der Zulassung[3]) des Einspruchs dem Rechtsanwalte des Gegners der den Einspruch einlegenden Partei die Gebühr für die mündliche Verhandlung, auf welche das Versäumnißurtheil erlassen ist, besonders zu, nämlich die ermäßigte Gebühr des Art. 17 Nr. 2.

   Ist das Versäumnißurtheil[4]) wegen Nichterscheinens des Schwurpflichtigen in einem zur Eidesleistung bestimmten Termine ergangen (C.P.O. § 430), so finden die Bestimmungen des vorstehenden Absatzes auch auf den Rechtsanwalt der Partei Anwendung, welche den Einspruch eingelegt hat.[5])
5. Abgesehen von dem Falle der Nr. 3 wird mit dem Einspruch die Instanz, in welcher das Versäumnißurtheil erlassen ist, fortgesetzt; durch die somit veranlaßte Erhebung einer besonderen Gebühr für die mündliche Verhandlung wird diese für die Gebührenerhebung aus dem Zusammenhang der Instanz herausgenommen.
6. Hinsichtlich des Einspruchs gegen einen Vollstreckungsbefehl kommen im Allgemeinen dieselben Grundsätze unter Berücksichtigung des Art. 24 Nr. 4 Abs. 2 zur entsprechenden Anwendung und zwar können da folgende Fälle eintreten:

   A. entweder der Einspruch wird zurückgenommen oder verworfen, so gilt das Verfahren über den Einspruch als neue Instanz und es werden Gebühren (hier aber auch die Prozeßgebühr) in der oben bezeichneten Höhe erhoben,

   B. oder der Einspruch wird für zuläſſig befunden:

   so wird,

---

[1]) § 20 u. G.K.G. § 26 Nr. 6. [2]) C.P.O. §§ 306 u. 311.

[3]) Durch Zulassung des Einspruchs wird der Prozeß in die Lage zurückversetzt, in welcher er sich vor Eintritt der Versäumniß befand. C.P.O. § 307.

[4]) welches dahin erlassen wird, daß der Eid als verweigert anzusehen sei.

[5]) § 27.

1) wenn die Sache vor das Amtsgericht gehört, die Klage als erhoben angesehen (C.P.O. § 636) und nun für das weitere Prozeßverfahren in üblicher Weise liquidirt;
2) wenn die Sache vor das Landgericht gehört, und
   a. die Klage während der Rechtshängigkeit bei dem Landgericht nicht erhoben ist, wie zu A liquidirt;
   b. wenn die Klage dagegen während der Rechtshängigkeit bei dem Landgericht erhoben ist, das amtsgerichtliche Verfahren über die Zulässigkeit des Einspruchs und das Verfahren vor dem Landgericht zusammen als eine Instanz angesehen und je nach dem Verlauf des Prozesses in gewöhnlicher Weise liquidirt.

In den Fällen zu 1 und 2. b kann für Verfahren über den Einspruch nach Art. 21 eine Gebührenerhebung nur insoweit stattfinden, als nicht in dem weiteren Verfahren eine entsprechende gleich hohe oder höhere Gebühr zum Ansatz kommt.

Zu beachten ist, daß für das Mahnverfahren abgesondert Gebührenansatz stattfindet und nur eine Anrechnung der Gebühr für Erhebung des Widerspruchs auf die Prozeßgebühr stattfindet.

— vgl. „Mahnverfahren". —

7. Hinsichtlich der Werthsberechnung s. Art. 39 Nr. 2.

Einstweilige Verfügung s. Arrest.

Entlassung des Beklagten aus dem Rechtsstreit s. Rechtsstreit.

Entmündigung.[1])

Sowohl im amtsgerichtlichen Verfahren wie auch in dem Anfechtungsprozeß vor dem Landgericht werden Gebühren nach den allgemeinen Grundsätzen liquidirt, nur daß im letzteren Fall, wenn der Kläger verhandelt, auch für eine nicht kontradiktorische Verhandlung ausnahmsweise die volle Gebühr (nicht $^5/_{10}$) zum Ansatz kommt, s. Art. 17 Nr. 2. Hinsichtlich der Gebühren für das Verfahren wegen Bestellung eines Vertreters des Entmündigten bei der Anfechtungs- oder Wiederaufhebungsklage (C.P.O. §§ 609, 620, 626) s. Vertreter.

Wegen der Werthsberechnung s. Art. 37 Nr. 2.

Entscheidung des beauftragten oder ersuchten Richters oder des Gerichtsschreibers.

$^3/_{10}$ der Gebühren der Art. 16, 17 — Tab. A. Spalte 3 — stehen dem Rechtsanwalt zu, wenn seine Thätigkeit sich auf ein Verfahren beschränkt, welches die Aenderung einer Entscheidung des beauftragten oder ersuchten Richters oder des Gerichtsschreibers (C.P.O. § 539) betrifft.[2])

Dieses Verfahren wird dagegen nicht besonders vergütet, sondern zur Instanz gerechnet, wenn der Rechtsanwalt zur Führung des Prozesses bevollmächtigt ist, s. Art. 22 Nr. 5. „Beauftragter Richter" bedeutet ein Mitglied des Prozeßgerichts, welches von diesem den Auftrag zu einzelnen Prozeßhandlungen (insbesondere zu Beweisaufnahmen und

---

[1]) d. h. die Entziehung der bürgerlichen Selbständigkeit wegen Geisteskrankheit — Wahnsinns, Blödsinns u. s. w. — oder wegen Verschwendung.

[2]) § 41 Nr. 2.

zur Vorbereitung in Rechnungssachen) erhalten hat; „ersuchter Richter" ein anderes Gericht, und zwar stets ein Amtsgericht.

Die Beschwerde gegen die Entscheidung, welche auf den oben bezeichneten Antrag ergeht, giebt wiederum als solche besonders Anlaß zur Gebührenerhebung. Für die Fälle der sofortigen Beschwerde werden allerdings, wenn das Prozeßgericht den vorerwähnten Antrag, ohne demselben zu entsprechen, dem Beschwerdegerichte vorlegt (C.P.O. § 540), sofern bis dahin die Thätigkeit des Rechtsanwalts nach Einreichung des Antrags nicht weiter in Anspruch genommen worden ist, dann nur die Gebühren für die Beschwerde liquidirt werden können.

Ergänzung eines Urtheils gehört zur Instanz, in welcher das Urtheil ergangen ist und unterliegt somit dem Prinzip des Art. 21.

Erledigung eines bedingten Urtheils.

Tritt der Rechtsanwalt — als Prozeßbevollmächtigter — erst nach Erlaß eines bedingten Urtheils ein und hat seine Vertretung ausschließlich die Erledigung desselben zum Gegenstand, d. h. die Vertretung in dem Termin zur Leistung des auferlegten Eides und zu der vor Erlassung des s. g. Läuterungsurtheils etwa noch stattfindenden mündlichen Verhandlung, so erhält er, gleichviel ob der Eid geleistet wird oder nicht,

die Prozeßgebühr zur Hälfte, daneben aber die ihm sonst zustehenden anderen Gebühren der Art. 16, 17.[1])

Dementsprechend ist auch die Gebühr für die Wahrnehmung eines einzelnen Eidesleistungs- bezw. Beweisaufnahme-Termins normirt; s. Vertretung. Vgl. auch betreffs der Verhandlungsgebühr Art. 17 Nr. 2 letzten Absatz.

Da in Urkunden und Wechselprozessen die Leistung eines Eides durch Beweisbeschluß anzuordnen ist, so kann obige Regel auf diese Prozeßarten keine Anwendung finden.

Executio ad faciendum s. Zwangsvollstreckung.

Festsetzung zu erstattender Kosten s. Kosten.

Geld-Erhebung und Ablieferung.

Die folgende Gebühr kommt stets besonders auch neben anderen Gebühren zum Ansatz.

Für Erhebung und Ablieferung von Geldern[2]) erhält der Rechtsanwalt ohne Rücksicht auf die Zahl der zu erhebenden Posten eine Gebühr:

von 1 Mark für jedes angefangene Hundert des Betrages bis 1000 Mark;

---

[1]) § 21.

[2]) Unter „Gelder" werden hier nicht nur die Münzen der Reichswährung oder die diesen gleichgestellten Münzen, sondern auch die im Verkehr allgemein wie „Geld" behandelten und als Zahlungsmittel dienenden Werthzeichen (Papiergeld), also Reichskassenscheine, Reichsbanknoten sowie die Noten der nach § 45 des Bankgesetzes bekannt gemachten Privatbanken zu verstehen sein.

von 50 Pfennig für jedes angefangene Hundert des weiteren Betrages bis 10 000 Mark;
von 25 Pfennig für jedes angefangene Hundert des Mehrbetrages.
— Tabelle E —

Hat jedoch der Rechtsanwalt eine Summe in verschiedenen Theilen, z. B. von verschiedenen Personen erhoben, aber zusammen abgeliefert, oder einen gleichzeitig erhobenen Gesammtbetrag in verschiedenen Theilen, z. B. an verschiedene Personen abgeliefert, so ist die Gebühr für jeden Theil besonders zu liquidiren.

Für Erhebung und Ablieferung von Werthpapieren erhält der Rechtsanwalt nach Maßgabe des Werthes — also bei Papieren, welche einen Kurs haben, nach diesem — die Hälfte der vorstehenden Gebühren.

Die Gebühr für Erhebung und Ablieferung von Geldern kann von diesen bei der Ablieferung entnommen werden.[1])

Das Verhältniß zwischen Mandant und Anwalt regelt sich nach den partikularrechtlichen Bestimmungen über Mandat auch bezüglich des Retentionsrechts.[2])

Gerichtsschreiber s. a. Kostentragung.

Soweit sich die anwaltliche Thätigkeit ausschließlich auf die Ablehnung eines Gerichtsschreibers (C.P.O. §§ 42—49) erstreckt, erhält der Rechtsanwalt $^{3}/_{10}$ der Gebühren der Art. 16, 17 — Tab. A. Spalte 3 (auch im Urkunden- und Wechselprozeß).[3])

Der für die Hauptsache zum Prozeßbevollmächtigten bestellte Rechtsanwalt kann jedoch diese Gebühr neben seinen Gebühren für die Instanz nicht besonders liquidiren; vgl. Art. 22 Nr. 6.

Gerichtsvollzieher s. a. Kostentragung.

Soweit sich die anwaltliche Thätigkeit ausschließlich auf die Bestimmung eines Gerichtsvollziehers (für die Pfändung bereits gepfändeter Sachen oder zur Empfangnahme einer für die Befriedigung mehrerer Gläubiger bestimmten Sache) erstreckt, erhält der Rechtsanwalt $^{3}/_{10}$ der Gebühren der Art. 16, 17 — Tab. A. Spalte 3 (auch im Urkunden- und Wechselprozeß).[4])

Der für die Hauptsache zum Prozeßbevollmächtigten bestellte Rechtsanwalt kann jedoch diese Gebühren neben seinen Gebühren für die Instanz nicht besonders erheben; vgl. Art. 22 Nr. 6.

Gesuche s. Schriftsätze.

Gutachten s. a. Rath und Korrespondenzmandatar.

Ueber die Verweigerung der Abgabe eines Gutachtens durch Sachverständige s. Zeugen.

Für die Ausarbeitung eines Gutachtens mit juristischer Begründung hat der Rechtsanwalt angemessene Vergütung zu beanspruchen. Ueber die Höhe der Vergütung wird im Falle der Beanstandung im Prozeßwege nach eingeholtem Gutachten des Vorstandes der Anwaltskammer entschieden.[5])

---

[1]) § 87 u. Mot. S. 90.

[2]) Konstatirung der Reichstags-Kommission.

[3]) § 23 u. G.K.G. § 47 Nr. 4. [4]) § 23 u. G.K.G. § 47 Nr. 3. [5]) § 88.

Die Unterscheidung eines Raths von einem ausgearbeiteten Gutachten mit juristischer Begründung wird in der Praxis selten Schwierigkeiten machen, da regelmäßig aus den Umständen entnommen werden kann, wohin die eigentliche Absicht des Auftraggebers geht und eventuell es Sache des Rechtsanwalts ist, sich hierüber Gewißheit zu verschaffen. Uebrigens wird aber auch der Prozeßbevollmächtigte für ein derartiges Gutachten, welches er im Laufe des Prozesses auf Verlangen seines Vollmachtgebers ausarbeitet, diese besondere Gebühr fordern können, da die Prozeßgebühr die Vergütung für eine solche ausnahmsweise Arbeit zu gewähren nicht bestimmt ist.

Von einer Erstattung dieser Gebühr einem Gegner gegenüber kann der Natur der Sache nach nicht die Rede sein.[1])

Wegen der gleichzeitigen Gebühren-Regelung nach reichsgesetzlicher und landesgesetzlicher Vorschrift vgl. noch Art. 4.

Hauptintervention[2]) ist stets ein nach den allgemeinen Regeln voll zu vergütendes besonderes Prozeßverfahren neben dem Hauptprozeß. (C.P.O. §§ 61, 62.)

Informations-Ertheilung s. Korrespondenz-Mandatar.

Intervention s. Nebenintervention und Hauptintervention; s.g. Exekutions-Intervention (nach bisherigem preußischen Recht) ist ein nach allgemeinen Grundsätzen voll zu vergütender, ordentlicher Prozeß.

Klagen s. Prozesse u. Zurücknahme.

Konferenz s. Rath.

Konkurs, Aufnahme für den Gemeinschuldner anhängiger Rechtsstreitigkeiten s. Aufnahme.

Konsultation s. Rath.

Korrespondenz-Mandatar.

Dem Rechtsanwalt, welcher lediglich den Verkehr der Partei mit dem Prozeßbevollmächtigten führt, steht eine Gebühr in Höhe der Prozeßgebühr zu. Er erhält nur $^5/_{10}$, wenn ihm in unterer Instanz die vorbezeichnete Gebühr oder die Prozeßgebühr zustand.

— Tab. A. Spalte 1 bezw. 5. —

Die mit der Uebersendung der Akten an den Rechtsanwalt der höheren Instanz verbundenen gutachtlichen Aeußerungen dienen nicht zur Begründung dieser Gebühr, wenn nicht zu denselben — sei es mündlich oder schriftlich — Auftrag ertheilt war.[3])

Kosten. Ueber die Einreden wegen der Kosten des früheren Verfahrens und wegen mangelnder Sicherheit für die Prozeßkosten s. prozeßhindernde Einreden.

Kostenerstattung s. a. Art. 15.

Der Rechtsanwalt erhält $^3/_{10}$ der Gebühren der Art. 16, 17 — Tab. A. Spalte 3 (auch im Urkunden- und Wechselprozeß) — wenn

---

1) Mot. S. 57, 90 u. 91.

2) d. h. wenn ein Dritter im Laufe eines Rechtsstreits den Gegenstand desselben durch Erhebung der Klage gegen die beiden Parteien in Anspruch nimmt.

3) § 44.

seine Thätigkeit die Festsetzung der vom Gegner zu erstattenden Prozeßkosten (C.P.O. § 99) betrifft.

Das Verfahren wird nicht zur Instanz der Hauptsache gerechnet.[1]) Die Gebühren stehen also dem Rechtsanwalt unter allen Umständen zu, gleichviel ob er von der Partei ausschließlich mit dieser Angelegenheit beauftragt war, oder ob er diese Thätigkeit in Folge und in Verbindung mit der ihm übertragenen Vertretung im Hauptprozeß leistet, und zwar kann je nach dem Gange des Verfahrens jede Art der Gebühr in Anwendung kommen.

Die gleichen Gebühren kommen auch in Strafsachen zum Ansatz.

Kostentragung in Folge Verschuldens.

Soweit sich die anwaltliche Thätigkeit ausschließlich auf die Verpflichtung eines Gerichtsschreibers, gesetzlichen Vertreters, Rechtsanwalts oder anderen Bevollmächtigten, sowie eines Gerichtsvollziehers zur Tragung der durch Verschulden derselben veranlaßten Kosten (C.P.O. § 97) erstreckt, erhält der Rechtsanwalt $^3/_{10}$ der Gebühren der Art. 16, 17 — Tab. A. Spalte 3 (auch im Urkunden- und Wechselprozeß).[2])

Der für die Hauptsache zum Prozeßbevollmächtigten bestellte Rechtsanwalt kann jedoch diese Gebühren neben seinen Gebühren für die Instanz nicht besonders erheben. Vgl. Art. 22 Nr. 6.

Läuterungsurtheil s. Erledigung.

Legalisation s. Unterzeichnung.

Litisdenunziation s. Streitverkündung.

Mahnverfahren.

Im Mahnverfahren erhält der Rechtsanwalt als einzige Vergütung von den Sätzen der Normalgebühr — Tab. A. Spalte 1 —

1) $^3/_{10}$ — Tab. A. Spalte 3 — für die Erwirkung des Zahlungsbefehls, einschließlich der Mittheilung des Widerspruchs an den Auftraggeber;
2) $^2/_{10}$ — Tab. A. Spalte 2 — für die Erhebung des Widerspruchs;
3) $^2/_{10}$ — Tab. A. Spalte 2 — für die Erwirkung des Vollstreckungsbefehls.

Die Gebühr zu Nr. 2 wird auf die in dem nachfolgenden Rechtsstreite zustehende Prozeßgebühr und die Gebühr zu Nr. 3 auf die Gebühr für die nachfolgende Zwangsvollstreckung angerechnet.[3])

Eine weitere Anrechnung auf die Gebühren des ordentlichen Verfahrens findet nicht statt, da das Mahnverfahren abgesondert von dem durch Widerspruch gegen den Zahlungsbefehl oder durch Einspruch gegen den Vollstreckungsbefehl veranlaßten weiteren ordentlichen Verfahren für sich der Gebührenerhebung unterliegt.

Im Fall einer Beschwerde gegen den Beschluß des Gerichts, durch welchen das Gesuch um Erlaß des Vollstreckungsbefehls zurückgewiesen wird (C.P.O. § 639 Abs. 2), tritt die Beschwerde-Gebühr — s. Position: „Beschwerde" — hinzu.[4])

---

[1]) §§ 23 u. 30 u. G.K.G. § 34 Nr. 1.
[2]) § 23 u. G.K.G. § 47 Nr. 5. [3]) § 38. [4]) Mot. S. 53.

Der Werthgegenstand des eine Einschränkung auf einen Theil des Anspruchs nicht enthaltenden Vollstreckungsbefehls ist derselbe, wie der des Zahlungsbefehls, da ersterer nach §§ 662, 702 der C.P.O. nicht als Akt der Zwangsvollstreckung gelten kann, mithin die Bestimmung des Art. 37 Nr. 5 Abs. 1 auf denselben nicht anwendbar ist.

Vgl. auch die Position „Einspruch" Nr. 6.

Manualakten s. Akten.

Nebenintervention s. auch Rechtsstreit.

Zwischenstreite mit Nebenintervenienten[1]) gehören für die Gebührenerhebung zur Instanz der Hauptsache;[2]) es kann also, wenn solche im Laufe des Rechtsstreits in Frage kommen, für welchen derselbe Rechtsanwalt zum Prozeßbevollmächtigten ernannt ist, besondere Vergütung für dieses Verfahren nicht beansprucht werden, vielmehr findet dann der Grundsatz des Art. 21 Anwendung.

Nur wenn die Vertretung ausschließlich einen Streit wegen Zulassung oder Zurückweisung eines Nebenintervenienten (C.P.O. § 68) zum Gegenstande hat und mit Beendigung dieses Zwischenstreits auch die anwaltliche Thätigkeit abschließt, sind $^3/_{10}$ der Gebühren der Art. 16, 17 — Tab. A. Sp. 3 (auch im Urkunden- und Wechselprozeß) — zu liquidiren.[3])

Dasselbe gilt für den Fall der Streitverkündung, wenn der Dritte dem Streitverkünder beitritt, da alsdann der Litisdenunciat den Parteien gegenüber nach § 71 C.P.O. als Nebenintervenient anzusehen ist.

Hinsichtlich der Vertretung mehrerer Nebenintervenienten und Streitgenossen vgl. Art. 33.

Nichtigkeitsklage s. Wiederaufnahme.

Offenbarungseid s. Art. 25 und „Zwangsvollstreckung" Nr. 3.

Der civilrechtlich gebotene Offenbarungseid — § 16 Nr. 3 des Einf.-Gesetzes zur C.P.O. — wird hiervon nicht betroffen.

Parteien, deren persönliches Erscheinen vor Gericht s. Prozeßleitung.

Patentsachen.

Für den Gebührenansatz im Verfahren vor dem Patentamt und dem Reichsgericht wegen Nichtigkeits-Erklärung oder Zurücknahme eines Patents — Patentgesetz vom 25. Mai 1877 § 27 ff. (R.G.Bl. S. 507) und Verordnung, betreffend das Berufungsverfahren beim Reichs-Oberhandelsgericht in Patentsachen vom 1. Mai 1878 (R.G.Bl. S. 90), kommen die Regeln für bürgerliche Rechtsstreitigkeiten zur entsprechenden Anwendung. s. Art. 2 Nr. 5.

Die Einleitung des Verfahrens erfolgt auf Antrag an das Patentamt. Erklärt sich der Patentinhaber nicht über den Antrag, so kann sofort nach diesem entschieden werden. Anderenfalls oder wenn der Patentinhaber rechtzeitig Widerspruch erhebt, entscheidet das Patent-

---

[1]) Nebenintervenient ist derjenige, welcher zur Unterstützung einer Partei, an deren Obsiegen er ein rechtliches Interesse hat, dem Rechtsstreite beitritt.

[2]) Art. 22 Nr. 2. [3]) § 23 u. G.K.G. § 27 Nr. 1.

amt nach stattgehabter Verhandlung — gleichzeitig auch über die Kostenpflicht.

Gegen die Entscheidung des Patentamts findet Berufung an das Reichs-Oberhandelsgericht statt, an dessen Stelle jedoch nunmehr das Reichsgericht tritt. (Gesetz betreffend den Uebergang von Geschäften auf das Reichsgericht vom 16. Juni 1879; R.G.Bl. S. 157.)

Die Berufungsschrift ist beim Patentamt einzureichen; wird sie von diesem als unzulässig verworfen (§ 2 der Verordnung), so kann der Berufungskläger auf die Entscheidung des Reichsgerichts antragen (vgl. Position „Berufung"). Ist die Berufung zulässig, so legt, nachdem der Berufungsbeklagte auf Erfordern seine schriftliche Erklärung bei dem Patentamt eingereicht hat, das letztere die Akten erster Instanz dem Berufungsgericht vor.

Zu den Kosten des Verfahrens gehören auch diejenigen den Parteien erwachsenen Auslagen, welche nach freiem Ermessen des Gerichtshofes zur zweckentsprechenden Wahrung der Ansprüche und Rechte nothwendig waren (§ 10 d. Verord.).

Die zur Praxis bei dem Reichsgericht zugelassenen Rechtsanwälte sind befugt, im Berufungsverfahren in Patentsachen die Vertretung zu übernehmen.

Plaidoyer s. Art. 29.

Prozeß.

Nach ihrem Gegenstande sondern sich einige Prozesse aus, für welche die in Art. 16, 17 bezeichneten Gebühren nicht in der daselbst angegebenen vollen Höhe, sondern nur in geringerem Betrage zum Ansatz gelangen. Dieselben ergeben sich aus den Positionen: Urkundenprozeß, Wechselprozeß, Zwangsvollstreckung Nr. 6 und Vollstreckungsklausel Nr. 1.

Wegen der Berufung und Revision gegen ein Versäumnißurtheil vgl. Berufung und Revision.

Prozeßangelegenheit, eigene des Rechtsanwalts s. Art. 10.

Prozeßfähigkeit.

$^{5}/_{10}$ der Gebühren der Art. 16, 17 — Tab. A. Spalte 5 (auch im Urkunden- und Wechselprozeß) — erhält der Rechtsanwalt, wenn seine Thätigkeit ausschließlich den Mangel der Prozeßfähigkeit, der Legitimation eines gesetzlichen Vertreters oder der erforderlichen Ermächtigung zur Prozeßführung betrifft, sei es, daß der Mangel durch Einrede geltend gemacht, sei es, daß er vom Gericht von Amtswegen berücksichtigt wird (C.P.O. § 54).[1]) Hierbei ist das zu „prozeßhindernde Einreden" Ausgeführte zu beachten.

Prozeßführung, Mangel der Ermächtigung s. Prozeßfähigkeit.

Prozeßhindernde Einreden,

nämlich nach C.P.O. § 247:

1) die Einrede der Unzuständigkeit des Gerichts,
2) die Einrede der Unzulässigkeit des Rechtswegs,
3) die Einrede der Rechtshängigkeit,

[1]) § 20 u. G.K.G. § 26 Nr. 1 u. 2.

4) die Einrede der mangelnden Sicherheit für die Prozeßkosten,
5) die Einrede, daß die zur Erneuerung des Rechtsstreits erforderliche Erstattung der Kosten des früheren Verfahrens noch nicht erfolgt sei,
6) die Einrede der mangelnden Prozeßfähigkeit oder der mangelnden gesetzlichen Vertretung.

Sofern die durch die Gebühr zu vergütende Thätigkeit des Rechtsanwalts ausschließlich solche Einreden betrifft, erhält er

$^{5}/_{10}$ der Gebühren der Art. 16, 17 — Tab. A. Spalte 5 (auch im Urkunden- und Wechselprozeß) —.[1])

Dies wird z. B. der Fall sein, wenn durch die Zulassung einer prozeßhindernden Einrede die weitere Verhandlung über die ganze Hauptsache oder einen Theil derselben abgeschnitten, oder wenn unmittelbar nach der gerichtlichen Entscheidung über eine solche Einrede das Verfahren über die Hauptsache durch Zurücknahme der Klage u. s. w. eingestellt wird, oder die Thätigkeit des Rechtsanwalts abschließt; oder auch in der Berufungs-Instanz, wenn nur gegen die gerichtliche Entscheidung über eine prozeßhindernde Einrede Berufung eingelegt worden ist; desgleichen in der Revisions-Instanz im Falle des § 509 Nr. 1 der C.P.O.

Soweit dagegen dem Rechtsanwalt für seine Thätigkeit in dem Verfahren über die Hauptsache Gebühren zustehen, kann er nach Maßgabe des Art. 21 daneben nicht noch eine gleichartige Gebühr für seine Thätigkeit in dem — dem Hauptverfahren in der Regel vorangehenden — Verfahren über prozeßhindernde Einreden hinsichtlich desselben Gegenstandes erheben, da letzteres Verfahren mit dem Verfahren über die Hauptsache zusammen nur eine Instanz bildet.

Dasselbe gilt bei Anwendung des Grundsatzes des Art. 24 Nr. 5, wenn im Falle des § 500 Nr. 2 C.P.O. das eine prozeßhindernde Einrede verwerfende Urtheil I. Instanz in der Berufungsinstanz abgeändert und sodann die Sache in die I. Instanz zurückgewiesen wird.

Beispiel: In einem Rechtsstreite über 1000 Mark wird unmittelbar, nachdem der Rechtsanwalt des Klägers die Klage vorgetragen hat, vom Rechtsanwalt des Beklagten vor Eintritt desselben in die mündliche Verhandlung zur Hauptsache, die prozeßhindernde Einrede der mangelnden Prozeßfähigkeit erhoben und darüber abgesondert kontradiktorisch verhandelt. Die Einrede wird durch gerichtliche Entscheidung als begründet erachtet, und zugleich Kläger mit der Klage zurückgewiesen. In diesem Falle wird den Rechtsanwälten beider Parteien die volle Prozeßgebühr mit 28 Mark zustehen, da sich durch die vorbereitenden Schriftsätze u. s. w. ihre Thätigkeit auf den Betrieb der Hauptsache erstreckt hat. An Verhandlungsgebühr dürfen die Rechtsanwälte jedoch nur die Hälfte, also 14 Mark liquidiren.

(Bei dem klägerischen Anwalt, der durch Vortrag der Klage bereits auf die Hauptsache eingegangen ist, wird die Gebühr hier als Gebühr für nicht kontradiktorische Verhandlung zur Hauptsache gelten können, durch welche die gleich hohe Gebühr für die kontradiktorische Verhandlung der Einreden absorbirt wird.)

---

1) § 20 u. G.K.G. § 26 Nr. 1.

Wird aber in demselben Falle die Einrede zulässigerweise erst nach dem Beginn der mündlichen Verhandlung des Beklagten zur Hauptsache von diesem geltend gemacht (C.P.O. § 247 Abs. 3), so wird von den Rechtsanwälten beider Parteien die volle Prozeßgebühr und gemäß Art. 21, soweit bereits widersprechende Anträge gestellt waren, die volle, sonst die halbe Verhandlungsgebühr unter Beachtung des Art. 37 Nr. 8 liquidirt.

Prozeßkosten s. Kosten.

Prozeßleitung.

Soweit sich die anwaltliche Thätigkeit ausschließlich auf die Prozeß- oder Sachleitung, einschließlich der Bestimmung oder Aenderung von Terminen und Fristen erstreckt, sind $^3/_{10}$ der Gebühren der Art. 16, 17 — Tab. A. Spalte 3 (auch im Urkunden- und Wechselprozeß) — zu liquidiren.[1])

Der für die Hauptsache zum Prozeßbevollmächtigten bestellte Rechtsanwalt kann jedoch diese Gebühren neben seinen Gebühren für die Instanz nicht besonders liquidiren. vgl. Art. 22 Nr. 6.

Zur Prozeß- und Sachleitung gehören auch:

die Unterbrechung oder Aussetzung des Verfahrens,
die Art und Weise der Zustellung,
die Trennung oder Verbindung der Verhandlung über mehrere Ansprüche,
die Vorforderung der Parteien zum persönlichen Erscheinen vor Gericht (C.P.O. §§ 132, 579 Abs. 1) und die zur Durchführung dieser Anordnung gegen eine Partei in Ehesachen zulässigen Zwangsmaßregeln (C.P.O. § 579 Abs. 3).

Purifikatoria s. Erledigung.

Rath s. a. Gutachten u. Art. 17 Nr. 1.

1. Für einen ertheilten Rath erhält der nicht zum Prozeßbevollmächtigten bestellte Rechtsanwalt eine Gebühr von $^3/_{10}$ der Prozeßgebühr — Tab. A. Spalte 3 (auch im Urkunden- und Wechselprozeß).

   Würde jedoch, falls der Rath von einem Prozeßbevollmächtigten ertheilt wäre, die dem letzteren in der betreffenden Instanz zustehende Prozeßgebühr eine geringere sein, so kann auch von dem nicht zum Prozeßbevollmächtigten bestellten Rechtsanwalt nach Maßgabe des Art. 30 nur der niedrigere Betrag liquidirt werden.

2. Eine Gebühr in Höhe von $^5/_{10}$ der Prozeßgebühr steht dem mit Einlegung der Berufung oder der Revision beauftragten Rechtsanwalte zu, wenn derselbe von der Einlegung abräth — auch wenn der Rath nicht verlangt war — und der Auftraggeber seinen Auftrag zurücknimmt.[2])

   Tab. A. Spalte 5 (auch im Urkunden- und Wechselprozeß).

3. Die unter Nr. 1 aufgeführte Ertheilung eines Raths und die hierfür dem Sachwalter zu gewährende Gebühr bezieht sich lediglich auf

---

[1]) § 23 u. G.K.G. § 47 Nr. 1.

[2]) § 47. Die Gebühr in Absatz 2 wird nur der bei dem zuständigen Gerichte zugelassene Anwalt liquidiren können.

die im Art. 2 begrenzten Angelegenheiten. Ein Rath des Rechtsanwalts, welcher eine andere, von Art. 2 nicht betroffene Angelegenheit behandelt, ist nicht nach obiger Gebührenbestimmung, sondern nach landesgesetzlichen Taxbestimmungen zu honoriren.[1])

Vgl. auch Art. 4.

Rechtsanwalt s. a. Kostentragung;
über dessen eigene Angelegenheiten s. Art. 10.

Soweit sich die anwaltliche Thätigkeit *ausschließlich* auf die *Verpflichtung* eines Rechtsanwalts zur *Rückgabe* einer vom Gegner ihm mitgetheilten *Urkunde* (§ 126 der C.P.O.) erstreckt, erhält der Rechtsanwalt $^{3}/_{10}$ der Gebühren der Art. 16, 17 — Tab. A. Spalte 3 (auch im Urkunden- und Wechselprozeß).[2])

Der für die Hauptsache zum Prozeßbevollmächtigten bestellte Rechtsanwalt kann jedoch diese Gebühr neben seinen Gebühren für die Instanz nicht besonders erheben. vgl. Art. 22 Nr. 6.

Rechtsausführung s. Art. 29 u. Gutachten.

Rechtshängigkeit, Einrede, s. prozeßhindernde Einrede.

Rechtsmittel s. Berufung, Revision, Beschwerde.

Rechtsnachfolger s. Rechtsstreit.

Rechtsstreit, Betheiligung Dritter — s. a. Nebenintervention.

$^{5}/_{10}$ der Gebühren der Art. 16, 17 — Tab. A. Spalte 5 (auch im Urkunden- und Wechselprozeß) — erhält der Rechtsanwalt, soweit die durch Gebühr zu vergütende Thätigkeit *ausschließlich* betrifft:

1) die *Entlassung des Beklagten aus dem Rechtsstreite* im Wege der Streitverkündung entweder an einen Dritten, welcher die geltend gemachte Forderung für sich in Anspruch nimmt (C.P.O. § 72), oder an den *Auktor*, d. h. denjenigen, in dessen Namen er die eingeklagte Sache inne hat (C.P.O. § 73),
oder

2) die *Uebernahme des Rechtsstreits durch den Rechtsnachfolger*, wenn zwischen dem Besitzer eines Grundstücks und einem Dritten ein Rechtsstreit über eine Berechtigung, welche für das Grundstück in Anspruch genommen wird, oder über eine Verpflichtung, welche auf demselben lasten soll, schwebt und das Grundstück während des Rechtsstreits veräußert wird (C.P.O. § 237).[3])

Auch hier findet das bei „prozeßhindernde Einreden" Ausgeführte entsprechende Anwendung.

Rechtsweg s. Unzulässigkeit u. Berufung Nr. 4.

Restitutionsklage s. Wiederaufnahme.

---

[1]) Konstatirung der Reichstags-Kommission zur Vorberathung der Anwaltsgebührenordnung.

[2]) § 23 u. G.K.G. § 47 Nr. 6.

[3]) § 20 u. G.K.G. § 26 Nr. 3.

Revision.

1. Für die bei dem Reichsgericht zugelassenen Rechtsanwälte erhöhen sich die Gebührensätze in der Revisionsinstanz um drei Zehntheile.[1]) Vgl. Art. 34.
   Hinsichtlich der Werthsberechnung s. a Art. 39 Nr. 2.
2. $^5/_{10}$ der Gebühren der Art. 16, 17 — Tab. A. Spalte 5 (auch im Urkunden- und Wechselprozeß) — erhält der Rechtsanwalt, wenn seine Thätigkeit ausschließlich betrifft:[2])
   a. die Zulässigkeit der Revision (C.P.O. §§ 497, 529) oder die Zurücknahme derselben (C.P.O. §§ 476, 529, — betr. Feststellung der Wirkungen der Zurücknahme).
   Hierbei finden die Ausführungen bei „prozeßhindernde Einrede" entsprechende Anwendung

   oder

   b. die gegen ein Versäumnißurtheil eingelegte Revision.[3])
3. Eine Gebühr in Höhe von $^5/_{10}$ der Prozeßgebühr steht dem mit Einlegung der Revision beauftragten Rechtsanwalte zu, wenn derselbe von der Einlegung abräth — auch wenn der Rath nicht verlangt war — und der Auftraggeber seinen Auftrag zurücknimmt.[4]) — Tab. A. Spalte 5. —

Richter.

Soweit sich die anwaltliche Thätigkeit ausschließlich auf die Ablehnung eines Richters (§§ 42—49 C.P.O.) erstreckt, erhält der Rechtsanwalt $^3/_{10}$ der Gebühren der Art. 16, 17 — Tab. A. Spalte 3 (auch im Urkunden- und Wechselprozeß).[5])

Der für die Hauptsache zum Prozeßbevollmächtigten bestellte Rechtsanwalt kann dagegen diese Gebühr neben seinen Gebühren für die Instanz nicht besonders erheben. Vgl. Art. 22 Nr. 6.

Sachleitung s. Prozeßleitung.

Sachverständige.

Verweigerung des Gutachtens s. Zeugen.

Soweit sich die anwaltliche Thätigkeit ausschließlich auf die Ablehnung eines Sachverständigen (C.P.O. § 371) erstreckt, erhält der Rechtsanwalt $^3/_{10}$ der Gebühren der Art. 16, 17 — Tab. A. Spalte 3 (auch im Urkunden- und Wechselprozeß).[5])

Der zum Prozeßbevollmächtigten bestellte Rechtsanwalt kann dagegen diese Gebühr neben seinen Gebühren für die Instanz nicht besonders erheben. Vgl. Art. 22 Nr. 6.

Schiedsrichterliches Verfahren.

1. Hinsichtlich der Gebühren für die Thätigkeit des Rechtsanwalts im schiedsrichterlichen Verfahren finden die allgemeinen Regeln über die Rechtsanwaltsgebühren, insbesondere im Civilprozeßverfahren,

---

[1]) § 52. [2]) § 20 u. G.K.G. § 26 Nr. 5 und 6.

[3]) nämlich, wenn dieselbe darauf gestützt wird, daß der Fall der Versäumniß nicht vorgelegen habe. C.P.O. § 474 Abs. 2, § 529.

[4]) § 47. [5]) § 23 u. G.K.G. § 47 Nr. 4.

Anwendung. Für die Berechnung der Gebühren des im schiedsrichterlichen Verfahren als Prozeßbevollmächtigten bestellten Rechtsanwalts gilt aber das gerichtliche Verfahren in dem Falle der Nr. 2b. als zum schiedsrichterlichen Verfahren gehörig.[1])

2. Im gerichtlichen Verfahren erhält der Rechtsanwalt
   a. wenn seine Thätigkeit ausschließlich die Ernennung oder Ablehnung eines Schiedsrichters, das Erlöschen eines Schiedsvertrags, die Unzulässigkeit des schiedsrichterlichen Verfahrens oder die Aufhebung eines Schiedsspruchs (C.P.O. § 871) zum Gegenstande hat, $^5/_{10}$ der Gebühren der Art. 16, 17 — Tab. A. Spalte 5;[2])
   b. wenn seine Thätigkeit die Anordnung der von Schiedsrichtern für erforderlich erachteten richterlichen Handlungen betrifft (C.P.O. § 862), die Prozeß- und die Verhandlungsgebühr beide nur zu $^5/_{10}$ (letztere natürlich nur, wenn mündliche Verhandlung über den Antrag stattgefunden hat); daneben für die Vertretung bei der Beweisaufnahme die Beweisgebühr (Art. 16, 17 Nr. 4) — Tab. A. Spalte 5.[3])
3. Ueber die Zulassung der Zwangsvollstreckung aus einem Schiedsspruche s. Zwangsvollstreckung Nr. 6.b.

Schriftsatz, s. a. Gutachten.

Beschränkt sich die Thätigkeit des Rechtsanwalts auf die Anfertigung eines Schriftsatzes, so erhält er eine Gebühr in Höhe von $^5/_{10}$ der Prozeßgebühr[4]) — Tab. A. Spalte 5 (auch in Urkunden- und Wechselprozeßsachen).

Würde jedoch im Falle, daß die gleiche Thätigkeit von einem Prozeßbevollmächtigten geleistet wird, die demselben zustehende Prozeßgebühr eine geringere sein, wie z. B. bei Beschwerden oder Nebeninterventionen, so kann auch der lediglich mit einem solchen Geschäfte betraute Rechtsanwalt nach Artikel 30 nur die entsprechende geringere Gebühr liquidiren.

Für Unterzeichnung eines Schriftsatzes erhält der Rechtsanwalt die gleichen Gebühren, wie für Anfertigung desselben.[5])

Unter Schriftsätzen im Sinne der Anwaltsgebührenordnung sind übrigens nicht nur diejenigen Schriften zu verstehen, welche in der Civilprozeßordnung ausdrücklich als solche bezeichnet werden, sondern alle schriftliche Anträge und Gesuche, welche bei Gericht gestellt werden.[6])

s. a. Prozeßgebühr Art. 17 Nr. 1.

Sequester.

Soweit sich die anwaltliche Thätigkeit ausschließlich auf die Bestimmung eines Sequesters zur Verwaltung einer unbeweglichen Sache erstreckt (C.P.O. §§ 747, 752), erhält der Rechtsanwalt $^3/_{10}$ der Gebühren der Art. 16, 17 — Tab. A. Spalte 3 (auch im Urkunden- und Wechselprozeß).[7])

Der zum Prozeßbevollmächtigten bestellte Rechtsanwalt kann jedoch diese Gebühr neben seinen Gebühren für die Instanz nicht besonders erheben. Vgl. Art. 22 Nr. 6.

---

[1]) § 91. [2]) § 20 u. G.K.G. § 26 Nr. 10. [3]) § 22. [4]) § 46.
[5]) § 5. [6]) Mot. S. 28. [7]) § 23 und G.K.G. § 47 Nr. 3.

Sequestration, unterliegt als ein durch die Landesgesetzgebung zu regelndes Verfahren nicht der reichsgesetzlich geordneten Gebührenerhebung.

Sicherheit für Prozeßkosten, Einrede s. prozeßhindernde Einreden.

Sicherung des Beweises.

Das Verfahren zur Sicherung des Beweises gehört, wenn die Hauptsache anhängig ist, zur Instanz und es findet das Prinzip des Art. 21 Anwendung. Ist die Hauptsache aber noch nicht anhängig, so werden besonders Gebühren erhoben, ohne Anrechnung auf die Gebühren, welche dem Rechtsanwalt etwa später bei Führung des Hauptprozesses zustehen, und zwar erhält der Rechtsanwalt, wenn seine Thätigkeit Anträge auf Sicherung des Beweises (C.P.O. §§ 447—455) betrifft:

die Prozeßgebühr und die Verhandlungsgebühr beide nur zu $^5/_{10}$ (die letztere Gebühr natürlich nur, wenn mündliche Verhandlung stattgefunden hat),

für die Vertretung bei der Beweisaufnahme aber die Beweisgebühr (Art. 16, 17 Nr. 4)[1]

— Tab. A. Spalte 5,

im Urkunden- und Wechselprozeß — Tab. B. Spalte 2.

Hinsichtlich der Gebühren für das Verfahren wegen Bestellung eines Vertreters des unbekannten Gegners (C.P.O. § 455) s. Vertreter.

Streitverkündung s. Rechtsstreit und Nebenintervention.

Sühneverfahren.

Für die Mitwirkung bei einem der Klage vorausgehenden Sühneverfahren, wenn es sich nämlich handelt

1) um den Sühneversuch, zu welchem Jeder, der eine Klage anzustellen beabsichtigt, den Gegner vor das Amtsgericht laden kann (C.P.O. § 471),

oder

2) um den Sühneversuch in Ehesachen, zu welchem der Kläger vor Erhebung seiner Klage den Beklagten laden muß (C.P.O. § 571)

erhält der Rechtsanwalt, — auch wenn der Gegner in dem anberaumten Termine nicht erscheint, — $^3/_{10}$ der Normalgebühr[2]) — Tab. A. Spalte 3.

Diese Gebühr wird im Falle der Verhandlung des Rechtsstreits vor dem Amtsgericht auf die Prozeßgebühr angerechnet.

Ist aber im Falle zu 1 unter der Mitwirkung des Rechtsanwalts ein Vergleich geschlossen, so erhält er die vollen Sätze der Normalgebühr an Stelle der obigen Gebühr.

Die Thätigkeit eines Rechtsanwalts zur Herbeiführung eines Vergleichs in einer noch nicht anhängigen Sache außerhalb der Fälle der §§ 471, 571 der Civilprozeßordnung im außergerichtlichen Wege ist dann, wenn der Auftrag auf Herbeiführung eines Vergleichs gerichtet ist, nach der für den Bundesstaat, in welchem der Anwalt seinen Wohnsitz hat, bestehenden Landestaxordnung zu liquidiren und zu honoriren. Das Gleiche gilt bezüglich eines vom Rechtsanwalt

---

1) §§ 22, 30 u. 29 Nr. 3.

2) § 37.

vermittelten außergerichtlichen Arrangements zur Abwendung eines Konkursantrages.[1])

Termin, Vertretung in demselben, s. Vertretung.
wegen Terminsänderung s. Prozeßleitung.

Trennung der Verhandlung s. Prozeßleitung.

Unterbrechung des Verfahrens s. Prozeßleitung.

Unterzeichnung eines Schriftsatzes s. Schriftsatz.

Unzulässigkeit des Rechtsweges.

$^5/_{10}$ der Gebühren der Art. 16, 17 — Tab. A. Spalte 5 (auch im Urkunden- und Wechselprozeß) — erhält der Rechtsanwalt, wenn seine Thätigkeit ausschließlich die Unzulässigkeit des Rechtsweges betrifft, sei es, daß die letztere durch Einrede geltend gemacht, sei es, daß sie auf Grund des G.V.G. § 17 Abs. 1 vom Gerichte von Amtswegen berücksichtigt wird.

Hierbei ist das zu „prozeßhindernde Einreden" Ausgeführte zu beachten.[2])

Unzuständigkeit des Gerichts s. a. zuständiges Gericht.

$^5/_{10}$ der Gebühren der Art. 16, 17 — Tab. A. Spalte 5 (auch im Urkunden- und Wechselprozeß) — erhält der Rechtsanwalt, wenn seine Thätigkeit ausschließlich die Unzuständigkeit des Gerichts betrifft, sei es, daß letztere durch Einrede geltend gemacht, oder daß sie im Falle einer Vereinbarung der Parteien — Prorogation — (C.P.O. § 40) durch das Gericht von Amtswegen berücksichtigt wird.[2])

Hierbei ist das unter „prozeßhindernde Einrede" Ausgeführte zu beachten.

Urkunden, Zurückgabe durch Rechtsanwalt s. Rechtsanwalt.

Urkundenprozeß s. Erläuterung Nr. 4 zum Tarif.

1. Für die Vertretung im Urkundenprozeß[3]) erhält der zum Prozeßbevollmächtigten bestellte Rechtsanwalt $^6/_{10}$ der in Art. 16, 17 bestimmten Gebühren[4]) — Tabelle B. u. D. —
2. Das ordentliche Verfahren, welches nach der Abstandnahme vom Urkundenprozesse sowie nach dem mit Vorbehalt in demselben erlassenen Urtheil anhängig bleibt (C.P.O. §§ 559, 563), gilt für die Berechnung der Gebühren des Rechtsanwalts als besonderer

---

[1]) Konstatirung der die Rechtsanwaltsgebührenordnung vorberathenden Reichstags-Kommission.

[2]) § 20 und G.K.G. § 26 Nr. 1 u. 2.

[3]) Im Urkundenprozeß können nur Ansprüche, welche die Zahlung einer bestimmten Geldsumme oder die Leistung einer bestimmten Quantität vertretbarer Sachen oder Werthpapiere zum Gegenstande haben, geltend gemacht werden, und zwar muß die Klage schon die Erklärung enthalten, daß im Urkundenprozeß geklagt werde (C.P.O. §§ 555, 556).

[4]) § 19. Es wird beispielsweise die Verhandlungsgebühr $^6/_{10}$ der Normalgebühr betragen, welche bei nicht kontradiktorischer Verhandlung auf $^3/_{10}$ der Normalgebühr sich ermäßigt.

Rechtsstreit; der Rechtsanwalt muß sich jedoch die Prozeßgebühr des Urkundenprozesses auf die gleiche Gebühr des ordentlichen Verfahrens anrechnen.[1])

Dasselbe gilt auch, wenn das Berufungsgericht, im Falle ein im Urkundenprozeß unter Vorbehalt der Rechte erlassenes Urtheil angefochten worden ist, laut C.P.O. § 500 Nr. 4 die Sache zur anderweiten Verhandlung an das Gericht erster Instanz zurückverweist, bezüglich des alsdann eintretenden ordentlichen Verfahrens, — als eine Ausnahme von der Regel des Art. 24 Nr. 5 über das Zusammenfassen der Instanzen.

Urtheil, bedingtes, s. Erledigung.

Urtheils=Berichtigung s. Berichtigung.

Verhandlung, Trennung und Verbindung s. Prozeßleitung u. wegen der Werthsberechnung Art. 37 Nr. 6.
(über kontradiktorische s. Art. 17 Nr. 2).

Verkehr zwischen Partei und Rechtsanwalt s. „Korrespondenz=Mandatar".

Vertheilungsverfahren.

Für die Vertretung im Vertheilungsverfahren[2]) (C.P.O. §§ 758 bis 763, 768) stehen dem Rechtsanwalte $^5/_{10}$ und, falls der Auftrag vor dem Termine zur Ausführung der Vertheilung erledigt wird, $^3/_{10}$ der Normalgebühr zu — Tab. A. Spalte 5 bezw. 3. vgl. Art. 26, Nr. 1.

Der Werth des Streitgegenstandes wird durch den Betrag der Forderung, wie sich solcher aus der dem Gericht einzureichenden Berechnung ergiebt, und, wenn der zu vertheilende Geldbetrag geringer ist, durch diesen Betrag bestimmt.[3])

Das „weitere Vertheilungsverfahren", welches im Falle eines Widerspruchs angeordnet werden kann (C.P.O. §§ 766, 768), wird, da mit dem dasselbe anordnenden Urtheil das erste Verfahren abschließt und dieselben Stadien in dem weiteren Verfahren abermals mit Beanspruchung der gleichen Mühwaltung des Anwalts durchzumachen sind, für die Gebührenerhebung wohl als eine neue, für sich zu vergütende Instanz gelten müssen.

Vertreter.

Soweit sich die anwaltliche Thätigkeit ausschließlich auf die Bestellung eines Vertreters einer nicht prozeßfähigen oder unbekannten Partei, eines Nachlasses oder eines dem Aufenthalte nach unbekannten Erben (C.P.O. §§ 55, 455, 609, 620, 626, 693) erstreckt, erhält

---

[1]) § 28

[2]) Das Vertheilungsverfahren, welches dem preußischen Distributions- oder Prioritätsverfahren in der Exekutionsinstanz entspricht, findet statt, wenn bei der Zwangsvollstreckung in das bewegliche Vermögen ein Geldbetrag hinterlegt ist, welcher zur Befriedigung derjenigen Gläubiger, für welche die Pfändung erfolgte, nicht hinreicht.

Auf das mit der Zwangsvollstreckung in das unbewegliche Vermögen verbundene Vertheilungsverfahren finden die Bestimmungen der Landesgesetze Anwendung (vgl. C.P.O. § 757).

[3]) § 39.

der Rechtsanwalt $^3/_{10}$ der Gebühren der Art. 16, 17 — Tab. A. Spalte 3 (auch im Urkunden- und Wechselprozeß).[1])

gesetzlicher Vertreter s. a. Streitgenossen.

Mangel der Legitimation s. Prozeßfähigkeit.

Tragung durch Verschulden entstandener Kosten s. Kostentragung.

Vertretung s. a. Art. 14 Nr. 2—5 und Art. 16, 17.

1. Der Rechtsanwalt, dessen Thätigkeit sich auf die Vertretung in einem nur zur Leistung des durch ein Urtheil auferlegten Eides oder nur zur Beweisaufnahme bestimmten Termine beschränkt, erhält neben der dem Prozeßbevollmächtigten in gleichem Falle zustehenden Beweisgebühr, eine Gebühr in Höhe von $^5/_{10}$ der Prozeßgebühr. Letztere Gebühr steht ihm auch dann zu, wenn der Auftrag vor dem Termin erledigt wird; — Tab. A. Spalte 5 unter Beachtung der Regel des Art. 30.

   Die Wahrnehmung eines weiteren Termins zur Fortsetzung der Verhandlung — z. B. bei einer eingetretenen Vertagung — begründet nicht eine Erhöhung der Gebühr.[2])
2. Bezüglich der Gebühren des Rechtsanwalts, welchem nur die Vertretung in der mündlichen Handlung oder die Ausführung der Parteirechte übertragen ist, vgl. Art. 29.

Vollstreckbare Ausfertigung s. Vollstreckungsklausel.

Vollstreckbarkeit.

1. $^5/_{10}$ der Gebühren der Art. 16, 17 — Tab. A. Spalte 5 (auch im Urkunden- und Wechselprozeß) — erhält der Rechtsanwalt, wenn seine Thätigkeit ausschließlich die vorläufige Vollstreckbarkeit eines Urtheils betrifft.[3])

   Der Gegenstand der Verhandlung über die vorläufige Vollstreckbarkeit eines Urtheils ist identisch mit dem des Anspruchs, um dessen Vollstreckung es sich handelt, auch wenn ausnahmsweise die Entscheidungen der Zeit nach auseinanderfallen.

   Zufolge der Regel, daß jede Gebühr in der Instanz rücksichtlich desselben Streitgegenstandes nicht mehr als einmal zum Ansatze gelangt (Art. 21), absorbirt die Gebühr für das Verfahren in der Hauptsache die Gebühr für dasjenige über die vorläufige Vollstreckbarkeit, gleichviel ob ersteres dem letzteren vorangeht (C.P.O. § 654) oder nachfolgt (C.P.O. § 656). Nur in dem Falle, daß in der Berufungsinstanz, nachdem über die vorläufige Vollstreckbarkeit vorab verhandelt ist (C.P.O. § 656 Abs. 1), eine Verhandlung in der Hauptsache nicht erfolgt, sowie in dem wenig praktischen Falle, daß die Berufung ausschließlich gegen den, die Frage der vorläufigen Vollstreckbarkeit betreffenden Theil eines Urtheils eingelegt oder der Anwalt nur bei der Ergänzung eines Urtheils nach der gedachten Richtung hin thätig ist, kommt obige Gebühr für das Verfahren über die Vollstreckbarkeit zur Erhebung.
2. Soweit sich die anwaltliche Thätigkeit ausschließlich auf die Vollstreckbarkeit der durch Rechtsmittelanträge nicht angefochtenen Theile eines Urtheils erstreckt, erhält der Rechtsanwalt $^3/_{10}$ der Ge-

---

1) § 23 u. G.K.G. § 47 Nr. 9. 2) § 45. 3) § 20 u. G.K.G. § 26 Nr. 7.

bühren der Art. 16, 17 — Tab. A. Spalte 3 (auch im **Urkunden-** und Wechselprozeß).[1])

Vollstreckungsklausel.

1. $^5/_{10}$ der Gebühren der Art. 16, 17 — Tab. A. Spalte 5 (auch im Urkunden- und Wechselprozeß) — erhält der Rechtsanwalt, wenn seine Thätigkeit ausschließlich die Ertheilung der Vollstreckungsklausel[2]) zum Gegenstande hat, sofern sie im Wege der Klage beantragt oder angefochten wird,

   — nämlich in Folge Eintritts eines Rechtsnachfolgers oder des nach Inhalt des Urtheils zur Vollstreckung erforderlichen Eintritts einer anderen Thatsache, als einer dem Gläubiger obliegenden Sicherheitsleistung (C.P.O. § 667, 687).[3])

2. Betrifft aber die Thätigkeit einen Antrag auf Ertheilung oder Zurücknahme der Vollstreckungsklausel, welcher nicht im Wege der Klage gestellt wird, oder einen Antrag auf Ertheilung einer weiteren vollstreckbaren Ausfertigung, so erhält er nur $^2/_{10}$ der Gebühren der Art. 16. 17 — Tab. A. Spalte 2 — und überdies mit der Einschränkung, daß für die einmalige Erwirkung der Vollstreckungsklausel weder dem Rechtsanwalt die Instanz, in welcher dieselbe zu ertheilen, noch dem Rechtsanwalt, welcher mit dem Betriebe der Zwangsvollstreckung beauftragt ist, eine Gebühr zusteht,[4]) s. a. Art. 26 Nr. 1.

   Dies wird auch für den Rechtsanwalt des Schuldners gelten, sofern der letztere im Falle des § 666 der C.P.O. vor der Entscheidung gehört wird, und Einwendungen gegen die Ertheilung der Vollstreckungsklausel nicht erhebt. Auf das Verfahren über Einwendungen gegen die Zulässigkeit der Vollstreckungsklausel erstreckt sich vorstehende Einschränkung jedoch nicht.

Vorbereitendes Verfahren.

Die Verhandlung im vorbereitenden Verfahren gilt als kontradiktorische mündliche Verhandlung. s. Art. 17 Nr. 2.

Das Verfahren selbst gehört zur Instanz der Hauptsache.

Vorverfahren s. prozeßhindernde Einreden.

Wechselprozeß s. Erläuterung Nr. 4 zum Tarif.

1. Für die Vertretung im Wechselprozeß[5]) erhält der zum Prozeßbe-

---

[1]) § 23 u. G.K.G. § 47 Nr. 11. Die nicht angefochtenen Theile können nach der C.P.O. §§ 496, 523 durch das Berufungs- bezw. Revisionsgericht auf Antrag für vorläufig vollstreckbar erklärt werden.

[2]) und zwar sowohl aus Urtheilen als aus anderen Schuldtiteln, wie Vergleichen, mit der Beschwerde anfechtbaren Entscheidungen, Vollstreckungsbefehlen, gerichtlichen und notariellen Urkunden, Arrestbefehlen.

[3]) § 20 u. G.K.G. § 26 Nr. 8.

[4]) §§ 24, 32, 35 u. G.K.G. § 35 Nr. 1.

[5]) Im Wechselprozeß, einer Abart des Urkundenprozesses, können nur Ansprüche aus Wechseln im Sinne der Wechselordnung geltend gemacht werden. Die Klage muß die Erklärung enthalten, daß im Wechselprozeß geklagt wird. (C.P.O. §§ 565, 567).

vollmächtigten bestellte Rechtsanwalt $^6/_{10}$ der in den Art. 16, 17 bestimmten Gebühren[1]) — Tabellen B. u. D.

2. Das ordentliche Verfahren, welches nach der Abstandnahme vom Wechselprozesse sowie nach dem mit Vorbehalt in demselben erlassenen Urtheil anhängig bleibt (C.P.O. §§ 559, 563) gilt für die Berechnung der Gebühren des Rechtsanwalts als besonderer Rechtsstreit; der Rechtsanwalt muß sich jedoch die Prozeßgebühr des Wechselprozesses auf die gleiche Gebühr des ordentlichen Verfahrens anrechnen.[2])

Dasselbe gilt auch, wenn das Befugnißgericht, im Falle ein im Wechselprozeß unter Vorbehalt der Rechte erlassenes Urtheil angefochten worden ist, laut C.P.O. § 500 Nr. 4, die Sache zur anderweiten Verhandlung an das Gericht erster Instanz zurückverweist, bezüglich des alsdann eintretenden ordentlichen Verfahrens — als eine Ausnahme von der Regel des Art. 24 Nr. 5 über das Zusammenfassen der Instanzen.

Werthpapier. Erhebung und Ablieferung s. Gelderhebung.

Wiederaufnahme des Verfahrens (Nichtigkeits- oder Restitutionsklage).

$^5/_{10}$ der Gebühren der Art. 16, 17 — Tab. A. Spalte 5 (auch im Urkunden- und Wechselprozeß) — erhält der Rechtsanwalt, wenn seine Thätigkeit ausschließlich die Zulässigkeit der Wiederaufnahme des Verfahrens (C.P.O. § 552) betrifft.[3])

Hierbei finden die Ausführungen bei „prozeßhindernde Einreden" entsprechende Anwendung.

Wiedereinsetzung.

$^5/_{10}$ der Gebühren der Art. 16. 17 — Tab. A. Spalte 5 (auch im Urkunden- und Wechselprozeß) — erhält der Rechtsanwalt, wenn seine Thätigkeit ausschließlich die Zulässigkeit der Wiedereinsetzung in den vorigen Stand betrifft (C.P.O. § 216).[3])

Vgl. die Ausführungen zu „prozeßhindernde Einreden".

Zeugen.

1. Zwischenstreite mit Zeugen und Sachverständigen gehören zur Instanz der Hauptsache — Art. 22 Nr. 2 — und unterliegen somit dem Prinzip des Art. 21.
2. Soweit sich aber die anwaltliche Thätigkeit ausschließlich auf
   die Verpflichtung zur Abgabe eines Zeugnisses oder Gutachtens bei begründeter Verweigerung eines solchen seitens eines Zeugen oder Sachverständigen (C.P.O. §§ 351 bis 354, 373)

   oder auf

   die Zwangsmaßregeln gegen einen Zeugen oder Sachverständigen, sowie die Verurtheilung derselben zu Kosten und Strafe im Falle ihres Ausbleibens oder bei unbegründeter Weigerung der-

[1]) § 19. Es beträgt beispielsweise die Prozeßgebühr oder die Verhandlungsgebühr $^6/_{10}$ des Normalsatzes, von welchem Betrage sich die Minderungen oder Erhöhungen nach Maßgabe der gegebenen Regeln berechnen.

[2]) § 28. [3]) § 20 u. G.K.G. § 26 Nr. 5.

selben zur Abgabe eines Zeugnisses oder Gutachtens oder zur Eidesleistung (C.P.O. §§ 345, 346, 355, 374) erstreckt,

erhält der Rechtsanwalt $^3/_{10}$ der Gebühren der Art. 16, 17 — Tab. A. Spalte 3 (auch im Urkunden- und Wechselprozeß).[1])

Zeugniß der Rechtskraft u. a.

Hat die Thätigkeit des Rechtsanwalts

ein Gesuch um Ertheilung des Zeugnisses der Rechtskraft oder um Ertheilung des Zeugnisses, daß innerhalb der Nothfrist ein Schriftsatz zum Zwecke der Terminsbestimmung nicht eingereicht sei, zum Gegenstande,

so erhält er $^2/_{10}$ der Gebühren der Art. 16, 17 — Tab. A. Spalte 2 (auch im Urkunden- und Wechselprozeß) — jedoch mit der Einschränkung, daß für die einmalige Erwirkung des Zeugnisses der Rechtskraft weder dem Rechtsanwalt der Instanz, in welcher dasselbe zu ertheilen, noch dem Rechtsanwalt, welcher mit dem Betriebe der Zwangsvollstreckung beauftragt ist, eine Gebühr zusteht.[2])

Zurücknahme der Berufung s. Berufung;

der Revision s. Revision;

der Klage (C.P.O. § 243); hinsichtlich dieser tritt nicht die Ermäßigung wie bei der Berufung und Revision ein, dagegen wird es sich als Werthsobjekt immer nur um die Kosten handeln können.

Soweit die Zurücknahme (Erledigung) des Auftrags eine Aenderung in der Gebührenliquidation mit sich bringt, ist dies bei den einzelnen Artikeln bezw. Positionen bemerkt.

Vgl. im Uebrigen auch die Art. 32 und 35.

Zuständiges Gericht s. auch Unzuständigkeit.

Soweit sich die anwaltliche Thätigkeit ausschließlich auf

die Zuständigkeit des obersten Landesgerichts (Einf.Ges. zur C.P.O. §§ 7, 8);

die Zuständigkeit der Kammern für Handelssachen (Verweisung einer Sache von der Civilkammer an die Kammer f. Handelssachen oder umgekehrt, — G.V.G. §§ 103—106),

oder

die Bestimmung des zuständigen Gerichts durch das im Instanzenzuge zunächst höhere Gericht — auch bei der Zwangsvollstreckung — (C.P.O. § 36, 756) erstreckt,

erhält der Rechtsanwalt $^3/_{10}$ der Gebühren der Art. 16, 17 — Tab. A. Spalte 3 (auch im Urkunden- und Wechselprozeß).[3])

Der für die Hauptsache zum Prozeßbevollmächtigten bestellte Rechtsanwalt kann dagegen die Gebühr neben seinen Gebühren für die Instanz nicht besonders erheben — vgl. Art. 22 Nr. 6.

Zuständigkeit s. Unzuständigkeit.

Zustellung, Art und Weise s. Prozeßleitung.

Soweit sich die anwaltliche Thätigkeit ausschließlich auf die Zu-

---

1) § 23 u. G.K.G. § 47 Nr. 7 u. 8. 2) §§ 24, 35 u. G.K.G. § 38.

3) § 23 u. G.K.G. § 47 Nr. 3.

lassung einer Zustellung an einem Sonntag oder allgemeinen Feiertag erstreckt (C.P.O. § 171), erhält der Rechtsanwalt — $^3/_{10}$ der Gebühren der Art. 16, 17 — Tab. A. Spalte 3 (auch im Urkunden- und Wechselprozeß).[1])

Der für die Hauptsache zum Prozeßbevollmächtigten bestellte Rechtsanwalt kann dagegen die Gebühr neben seinen Gebühren für die Instanz nicht besonders erheben. Vgl. Art. 22 Nr. 6.

Zwangsvollstreckung — s. a. Arrest, Vertheilungsverfahren, Vollstreckbarkeit, Vollstreckungsklausel, Zeugniß.

1) Die Civilprozeßordnung behandelt das gerichtliche Vollstreckungsverfahren, einschließlich der Vollstreckung der Arreste und einstweiligen Verfügungen, erstreckt sich jedoch nicht auf die Zwangsvollstreckung in das unbewegliche Vermögen (Subhastation). Soweit ausschließlich die Vorschriften der Civilprozeßordnung Platz greifen, auch wenn ihre Anwendbarkeit erst durch andere Reichsgesetze oder durch Landesgesetze bestimmt wird, tritt auch die rechtsseitig geregelte Erhebung von Anwaltsgebühren ein.

Die landesgesetzlichen Bestimmungen in Betreff der Gebühren für eine den Landesgesetzen unterliegende Zwangsvollstreckung — nämlich in das unbewegliche Vermögen — bleiben dagegen unberührt.[2]) Nur insoweit nach § 755 der C.P.O. eine Anordnung der Zwangsvollstreckung in ein Grundstück durch das Amtsgericht als Vollstreckungsgericht erfolgen muß, steht dem Rechtsanwalt für einen Antrag auf Erlaß dieser Anordnung eine Gebühr nach den in Folgendem aufgezeichneten Normen zu.

2) Die Grundsätze über die Scheidung und den Umfang der Instanzen im Zwangsvollstreckungsverfahren für die Gebührenerhebung finden sich in den Artikeln 25—27 zusammengestellt. Inwieweit eine Anrechnung von Gebühren bei voraufgegangenem Mahnverfahren stattzufinden hat, erhellt aus der Position „Mahnverfahren".

Unter Berücksichtigung vorstehender Grundsätze in Verbindung mit dem im Art. 21 gegebenen Hauptprinzip sind die Gebühren nach den folgenden Normen zu berechnen.

3) Der Rechtsanwalt erhält für seine Thätigkeit bei der Zwangsvollstreckung für jede Instanz

$^3/_{10}$ der Gebühren der Art. 16, 17 — Tab. A. Spalte 3 (auch bei Urkunden- und Wechselprozeßsachen).[3])

4) Die gleichen Gebühren stehen dem Rechtsanwalt zu:

a. für die Thätigkeit in dem Verfahren über einen Antrag auf vorläufige Einstellung, vorläufige Beschränkung oder vorläufige Aufhebung einer Zwangsvollstreckung,[4]) sofern

---

[1]) § 23 u. G.K.G. § 47 Nr. 12.

[2]) § 31. [3]) § 23 Nr. 2.

[4]) Die vorläufige Einstellung u. s. w. ist zulässig:

a. wenn die Wiedereinsetzung in den vorigen Stand oder eine Wiederaufnahme des Verfahrens beantragt wird (C.P.O. § 647),

b. wenn gegen ein für vorläufig vollstreckbar erklärtes Urtheil der Einspruch oder ein Rechtsmittel eingelegt wird (C.P.O. § 657), das Verfahren von dem Verfahren über die Hauptsache getrennt ist,[1]) gleichviel ob der Hauptprozeß bereits anhängig ist oder nicht.

Ist aber das Verfahren mit dem über die Hauptsache verbunden, derart daß der betr. Antrag nebenbei in denselben Schriftsätzen und in denselben Verhandlungen zusammen mit der Hauptsache verhandelt wird, so gilt es für die Gebührenerhebung als zur Instanz der Hauptsache gehörig, und es tritt demzufolge die Regel des Art. 21 in Anwendung; s. a. Position „Beschwerde" Nr. 3.

Wird die vorläufige Einstellung, Beschränkung oder Aufhebung der Zwangsvollstreckung bei dem Vollstreckungsgericht und bei dem Prozeßgericht beantragt, so wird die Prozeßgebühr nur einmal erhoben.[2])

b. für die Thätigkeit, welche die Erwirkung einer Strafandrohung, — die der Zwangsvollstreckung auf Unterlassung oder Duldung einer Handlung durch Strafe (C.P.O. § 775) vorausgehen muß, — zum Gegenstande hat; das Verfahren gehört zur Instanz der Hauptsache, die Gebühr steht mithin nur dem Rechtsanwalte zu, welcher diese Instanz nicht geführt hat.[3])

c. soweit sich seine Thätigkeit ausschließlich auf die Zulassung eines Aktes der Zwangsvollstreckung an einem Sonntag oder allgemeinen Feiertag oder zur Nachtzeit (C.P.O. § 681) erstreckt.[4]) Jedoch kann diese Gebühr nach dem Grundsatz des Art. 22 Nr. 6 nicht neben derjenigen für die Zwangsvollstreckungs-Instanz liquidirt werden.

5) Für die Aufhebung einer Vollstreckungsmaßregel steht weder dem Rechtsanwalt, welcher die Vornahme veranlaßt hat, noch dem Rechtsanwalt, welcher mit dem Betriebe der weiteren Zwangsvollstreckung beauftragt ist, eine Gebühr zu.[5])

6) $^5/_{10}$ der Gebühren der Art. 16, 17 — Tab. A. Spalte 5 — erhält der Rechtsanwalt, wenn seine Thätigkeit ausschließlich zum Gegenstand hat[6])

a. im Wege der Klage geltend zu machende Einwendungen gegen die Zwangsvollstreckung, welche den Anspruch selbst betreffen, sofern der § 686 Abs. 2 oder § 704 Abs. 2 der C.P.O.

c. wenn Einwendungen, welche den durch das Urtheil festgestellten Anspruch selbst betreffen oder s. g. Exekutions-Interventionsansprüche geltend gemacht werden (C.P.O. §§ 688, 690),

d. bei Einwendungen eines Erben aus der Rechtswohlthat des Inventars (C.P.O. § 696),

e. wenn ein Anspruch auf vorzugsweise Befriedigung aus dem Erlöse gemacht wird.

1) § 23, § 29 Nr. 4, § 30 Nr. 2 u. G.K.G. § 35 Nr. 2.

2) § 30. 3) § 33.

4) § 23 u. G.K.G. § 47 Nr. 12.

5) § 35. 6) § 20 u. G.K.G. § 26 Nr. 8.

Anwendung findet, insoweit nämlich die Gründe, auf denen die Einwendungen beruhen, erst nach dem Schlusse derjenigen mündlichen Verhandlung, in welcher Einwendungen in Gemäßheit der Bestimmungen der Civilprozeßordnung spätestens hätten geltend gemacht werden müssen, entstanden sind und durch Einspruch nicht mehr geltend gemacht werden können oder insoweit diese Gründe nach Zustellung des Vollstreckungsbefehls entstanden sind.

Da bei dem aus gerichtlichen und notariellen Urkunden stattfindenden Zwangsvollstreckungsverfahren auf die Geltendmachung von Einwendungen, welche den Anspruch selbst betreffen, laut § 705 Abs. 4 der C.P.O. die beschränkende Vorschrift des § 686 Abs. 2 keine Anwendung findet, so muß in solchen Fällen immer die volle Gebühr Platz greifen,

oder

b. die — durch ein Vollstreckungsurtheil auszusprechende — Zulassung der Zwangsvollstreckung aus dem Urtheil eines ausländischen Gerichts oder aus einem Schiedsspruche (C.P.O. §§ 660, 868).

7) Im Uebrigen darf für die auf die Erledigung von Anträgen und Einwendungen des Schuldners, auf die Beseitigung sonstiger Anstände oder auf die Requisition anderer Behörden gerichtete Thätigkeit sowie für irgendwelche vorbereitende Schritte[1]) neben den Gebühren der Instanz nicht noch besonders liquidirt werden.

8) Hinsichtlich der Berechnung des Werthobjekts vgl. insbesondere Art. 37 Nr. 5 und Art. 39 Nr. 4.

Ueber die Gebühren für das Verfahren wegen Bestellung eines Vertreters eines Nachlasses oder eines dem Aufenthalte nach unbekannten Erben (C.P.O. § 693) s. Vertreter.

Zwischenstreite s. Nebenintervention u. Zeugen.

---

[1]) Auch die nach § 744 C.P.O. schon vor der Pfändung einer Geldforderung zulässige Benachrichtigung des Schuldners und des Drittschuldners wird, wenngleich sie dem letzteren gegenüber die Wirkung eines Arrestes besitzt, doch nur als eine die Zwangsvollstreckung vorbereitende Thätigkeit des Rechtsanwalts anzusehen sein; ein eigentlicher Arrest im Sinne der §§ 799, 802 der C.P.O. ist es nicht und daher eine Gebührenerhebung wie bei Arresten zweifellos ausgeschlossen.

Dritter Abschnitt.

Gebühren im Konkursverfahren.

Art. 40. Die Thätigkeit des Rechtsanwalts im Konkurse hat die gesammte Auseinandersetzung der Schuldverhältnisse zum Gegenstande und wird — abgesehen von dem Eröffnungsverfahren — als ein Ganzes durch eine Bauschsumme vergütet. Daneben wird für einige Handlungen, welche der Hauptthätigkeit hinzutreten, besondere Vergütung gewährt.

Die Gebühren und Auslagen des Rechtsanwalts können im Konkursverfahren nicht geltend gemacht werden. (K.O. § 56 Nr. 2.)

Art. 41. Der Rechtsanwalt erhält:

1) für seine Thätigkeit im Vorverfahren, d. h. dem auf Eröffnung des Konkursverfahrens gerichteten Verfahren,[1]
   wenn er den Gemeinschuldner vertritt
   $^2/_{10}$ des Normalsatzes — Tab. A. Spalte 2,
   wenn er einen Gläubiger vertritt
   $^5/_{10}$ des Normalsatzes — Tab. A. Spalte 5;

sodann

2) für die Vertretung im Konkursverfahren — insbesondere auch für die Einziehung der Information und für den ganzen Betrieb der Sache einschließlich der Anmeldung der Konkursforderung — und zwar:
   a. für das ganze Verfahren — $^6/_{10}$ des Normalsatzes — Tab. A. Spalte 6;
   b. wenn die Vertretung vor dem allgemeinen Prüfungstermine sich erledigt oder erst nach demselben beginnt — $^4/_{10}$ des Normalsatzes — Tab. A. Spalte 4;[2]
3) wenn die Thätigkeit des Anwalts sich auf die Anmeldung der Konkursforderung beschränkt
   $^2/_{10}$ des Normalsatzes. Tab. A. Spalte 2.[3]
4) Außerdem besonders:
   a. für die Thätigkeit bei Prüfung der Forderungen,

---

[1]) § 54. Ueber außergerichtliches Arrangement s. die Tarifposition „Sühneverfahren" letzten Absatz. [2]) § 55. [3]) § 57.

b. für die Thätigkeit in dem Zwangsvergleichsverfahren,
c. für die Thätigkeit in dem Vertheilungsverfahren
je den vollen Normalsatz — Tab. A. Spalte 1.[1])

5) Ferner:
a. für die Vertretung in der Beschwerdeinstanz —
die in bürgerlichen Rechtsstreitigkeiten zu erhebenden Gebühren — s. Tarif;[2])
b. für die Vertretung in dem Verfahren über Anträge auf Anordnung von Sicherheitsmaßregeln gegen den Gemeinschuldner, der einen Zwangsvergleich abgeschlossen hat, nachträglich aber wegen betrüglichen Bankerutts in gerichtliche Untersuchung geräth —
die gleiche Gebühr, wie in dem Verfahren wegen Anordnung oder Aufhebung eines Arrestes oder einer einstweiligen Verfügung[3]) — s. die Tarifpositionen „Arrest" Nr. 2.a. und „Zwangsvollstreckung".

Art. 42. In einem wiederaufgenommenen Konkursverfahren — nämlich im Falle der rechtskräftigen Verurtheilung des Gemeinschuldners wegen betrüglichen Bankerutts — erhält der Rechtsanwalt die vorstehend unter Nr. 2—5 aufgeführten Gebühren besonders wie für ein neues Verfahren.[4])

Art. 43. Die für die Berechnung der Gerichtsgebühren maßgebende Festsetzung des Werthes ist im Allgemeinen auch für die Berechnung der Gebühren des Anwalts maßgebend. Gegen den gerichtlichen Beschluß, durch welchen die Festsetzung des Werthes bezw. Aenderung dieser Festsetzung erfolgt, steht dem Rechtsanwalt die Beschwerde nach den Vorschriften der Civilprozeßordnung zu.[5])

Art. 44. Als Grundlage für die Berechnung der voraufgeführten Gebühren gilt:[6])

1) wenn der Auftrag von dem Gemeinschuldner ertheilt ist,
für die Gebühren zu 1, 2 und 4 sowie zu 5 im Falle der Beschwerde gegen den Beschluß über Eröffnung des Konkursverfahrens

---

[1]) § 56.

[2]) § 58. Gemäß § 66 der Konkursordnung findet gegen die Entscheidungen im Konkursverfahren, sofern eine Anfechtung derselben nicht überhaupt ausgeschlossen ist, wie in den Fällen der §§ 87, 88, 151, 174 Abs. 3, 175, die sofortige Beschwerde nach Maßgabe der §§ 530 ff. der Civilprozeßordnung statt. Außerdem kann die gewöhnliche Beschwerde insoweit in Frage kommen, als die Konkursordnung die Vorschriften der Civilprozeßordnung für anwendbar erklärt.

[3]) § 58. [4]) § 60. [5]) § 53. [6]) § 59.

oder den Beschluß über Bestätigung eines Zwangsvergleichs — der Betrag der Aktivmasse;[1])

2) wenn der Auftrag von einem Konkursgläubiger ertheilt ist,

a. für die Gebühren zu 1, 2, 3 und im Falle der Beschwerde gegen den Beschluß über Eröffnung des Konkursverfahrens — der Nennwerth der Forderung (einschließlich Zinsen, Kosten und dergl.);[2])

b. für die Gebühren zu 4 und die Gebühr im Falle der Beschwerde gegen den Beschluß über die Bestätigung eines Zwangsvergleichs — der Werth der Forderung unter entsprechender Anwendung der Regel im Art. 38 Nr. 5 — d. h. der sog. Handelswerth, wie er sich durch die Aussicht auf die zu erzielende Dividende bestimmt;

c. für die Gebühren zu 5b nach Analogie der Vorschrift des Gerichtskostengesetzes (§ 58 Abs. 2) — der Werth des Gegenstandes, durch welchen die Sicherung erfolgen soll, wobei Sicherungsgegenstände, welche zur abgesonderten Befriedigung dienen, nur in Höhe des für diese nicht erforderlichen Betrages angesetzt werden.

Art. 45. Insoweit dem Rechtsanwalte Gebühren für die Vornahme einzelner Handlungen im Konkursverfahren zustehen, darf der Gesammtbetrag derselben die im Art. 41 zu 2 aufgeführte Gebühr nicht übersteigen.

Wird der Rechtsanwalt, nachdem er einzelne Handlungen im Konkursverfahren vorgenommen hat, mit der Vertretung im Konkursverfahren beauftragt, so erhält er zusammen nicht mehr an Gebühren,

---

[1]) Die zur Berechnung der Gerichtsgebühren maßgebende gerichtliche Festsetzung des Werthes der Aktivmasse ist auch hier der Aufstellung der Anwaltsgebühren-Rechnung zu Grunde zu legen. Nach § 52 des G.K.G. werden Massekosten, mit Ausnahme der Gebühren des Konkursgerichts, des Konkursverwalters und des Gläubigerausschusses, sowie Masseschulden abgesetzt. Gegenstände, welche zur abgesonderten Befriedigung dienen — gleichviel ob Mobilien oder Immobilien — werden nur in Höhe des für diese nicht erforderlichen Betrages angesetzt.

Ist die Aktivmasse höher als die Schuldenmasse, so wird die Gebühr nach dem Betrage der letzteren erhoben.

Für die Berechnung der Masse ist die Zeit der Beendigung des Verfahrens maßgebend.

[2]) Zinsen, Konventionalstrafe und Kosten, welche mit der Kapitalsforderung geltend gemacht werden, sind nach den Motiven zur Konkursordnung — S. 268 — als ein Theil der Hauptforderung anzusehen.

als ihm zustehen würde, wenn er vorher mit der Vertretung im Konkursverfahren beauftragt worden wäre.[1])

Art. 46. Die Gebühren werden für jeden Auftrag gesondert, ohne Rücksicht auf andere Aufträge, berechnet.[2]) Dies gilt insbesondere, wenn mehrere Konkursgläubiger in verschiedenen Angelegenheiten denselben Anwalt zum Vertreter haben; steht jedoch mehreren Machtgebern ein und dieselbe Forderung zu, z. B. wenn sie als Erben eines im Laufe des Verfahrens verstorbenen Gläubigers auftreten, so liegt sachlich nur ein Auftrag vor.[3])

Art. 47. Neben den Bauschgebühren kommen noch für die Erhebung und Ablieferung von Geldern sowie für Ausarbeitung von Gutachten mit juristischer Begründung besonders Gebühren nach den Sätzen für bürgerliche Rechtsstreitigkeiten zum Ansatz (s. die betr. Tarifpositionen).

Insoweit für ein sonstiges dem Rechtsanwalt übertragenes Geschäft (z. B. Ladung zur Leistung des Offenbarungseides) oder für die begonnene oder vorbereitete Ausführung eines vor der vollständigen Ausführung erledigten Auftrags eine Gebühr nicht vorgesehen ist, gelten auch hier die im Art. 35 gegebenen Regeln.

Art. 48. Bedient sich der Konkursverwalter eines Rechtsanwalts, so werden die Bestimmungen für die Gebühren in Civilsachen Platz greifen, sofern es sich um die Vertretung in einem durch den Konkurs veranlaßten, aber außerhalb des Konkursverfahrens liegenden Verfahren handelt, ebenso, wenn der ertheilte Rath den Beginn oder die Fortsetzung eines den Vorschriften der Civilprozeßordnung unterliegenden Verfahrens betrifft (Art. 2); s. die Tarifposition „Rath".

Wenn dagegen der Verwalter innerhalb des Konkursverfahrens den Beistand oder Rath des Rechtsanwalts in Anspruch nimmt, so regelt sich die Vergütung nach Art. 35.[4])

---

1) § 61. 2) § 62. 3) Mot. S. 68.
4) Mot. S. 65.

Vierter Abschnitt.

Gebühren in Strafsachen

sowie im Disciplinarverfahren gegen Reichsbeamte, im ehrengerichtlichen Verfahren gegen Rechtsanwälte und bei der Untersuchung von Seeunfällen.

I. Vorbemerkungen.

Wirkungskreis des Rechtsanwalts.

Art. 49. 1. In Strafsachen kann der Rechtsanwalt als Vertheidiger oder Vertreter wirken, oder durch Anfertigung und Unterzeichnung von Schriftstücken, durch Rathsertheilung und andere Handlungen thätig sein.

2. Als Vertheidiger kann er in jeder Lage des Verfahrens einem Beschuldigten oder mehreren gemeinsam Beistand leisten.[1] Er wird als solcher entweder gewählt (Wahlvertheidiger) oder vom Gericht bestellt (Offizialvertheidiger).[2] Letzteres muß stets in den Sachen stattfinden, welche vor dem Reichsgericht in erster Instanz oder vor dem Schwurgericht zu verhandeln sind, unter Umständen auch in Sachen, welche vor dem Landgericht in erster Instanz zu verhandeln sind. Die Bestellung kann schon während des Vorverfahrens erfolgen.[3]

3. Der als Vertheidiger gewählte Rechtsanwalt kann mit Zustimmung des Angeklagten die Vertheidigung einem Rechtskundigen, welcher die erste Prüfung für den Justizdienst bestanden hat und in demselben seit mindestens 2 Jahren beschäftigt wird, übertragen.[4]

4. Der Rechtsanwalt kann ferner auch in einzelnen Fällen für den Angeklagten als dessen Vertreter auf Grund schriftlicher Vollmacht vor Gericht erscheinen und Rechtsmittel einlegen, nämlich:

---

[1] Str.P.O. §§ 137, 146.

[2] Auf die Höhe der Gebühren übt dieser Unterschied keinen Einfluß aus.

[3] Str.P.O. §§ 140, 142. [4] Str.P.O. § 139.

a) wenn der Angeklagte abwesend ist; auch im Verfahren gegen Abwesende, welche sich der Wehrpflicht entzogen haben,[1])
b) im Verfahren auf Einspruch gegen einen amtsrichterlichen Strafbefehl oder bei Antrag auf gerichtliche Entscheidung gegen eine polizeiliche Strafverfügung,[2])
c) für Personen, welche einen rechtlichen Anspruch auf solche Gegenstände haben, deren Einziehung, Vernichtung und Unbrauchbarmachung im Gange ist.[3])

5. In Privatklagesachen, welche in der Regel vor den Schöffengerichten verhandelt werden, kann sowohl der Privatkläger, wie auch der Angeklagte im Beistande eines Rechtsanwalts vor Gericht erscheinen und sich durch einen mit schriftlicher Vollmacht versehenen Rechtsanwalt vertreten lassen.

Dasselbe Recht hat auch der Nebenkläger nach erfolgtem Anschluß.[4])

6. Wegen Zuwiderhandlungen gegen die Vorschriften über die Erhebung öffentlicher Abgaben und Gefälle kann die Verwaltungsbehörde, wenn die Staatsanwaltschaft die Verfolgung ablehnt, selbst die Anklage erheben und einen Rechtsanwalt als ihren Vertreter bestellen. Das Verfahren regelt sich nach den für die Privatklage geltenden Bestimmungen.[5])

Hat die Staatsanwaltschaft die Anklage erhoben, oder der Beschuldigte gegen einen Strafbescheid auf gerichtliche Untersuchung angetragen, so kann sich die Verwaltungsbehörde der Verfolgung anschließen und einen Vertreter bestellen; in diesem Falle kommen die für den Anschluß des Verletzten als Nebenkläger geltenden Bestimmungen zur Anwendung.[6])

7. Auch im Disciplinarverfahren gegen Reichsbeamte, im ehrengerichtlichen Verfahren gegen Rechtsanwälte, sowie bei der Untersuchung von Seeunfällen kann der Rechtsanwalt, wie im Art. 58 näher erläutert ist, Beistand gewähren..

8. Die Unterzeichnung[7]) durch einen Rechtsanwalt ist erforderlich

1) bei dem Antrage auf gerichtliche Entscheidung über einen von der Staatsanwaltschaft abgelehnten Antrag auf Erhebung der öffentlichen Klage;[8])
2) bei Anbringung und Begründung von Revisionsansprüchen;[9])

---

[1]) Str.P.O. §§ 322, 474. [2]) Str.P.O. §§ 451, 457. [3]) Str.P.O. § 478. [4]) Str.P.O. §§ 418, 437. [5]) Str.P.O. §§ 464, 466. [6]) Str.P.O. § 467.

[7]) Die Gebühr für Unterzeichnung eines Schriftstücks ist nach Art. 8 dieselbe wie für Anfertigung desselben. [8]) Str.P.O. § 170. [9]) Str.P.O. §§ 385, 430.

3) bei einem Antrage auf Wiederaufnahme eines durch rechtskräftiges Urtheil geschlossenen Strafverfahrens.[1])

Zahlung und Erstattung der Kosten.

Art. 50. 1. Dem zum Vertheidiger bestellten Rechtsanwalt sind für die geführte Vertheidigung die Gebühren aus der Staatskasse zu bezahlen.[2])

Diejenigen Offizialvertheidiger, welche vom Vorsitzenden des Landgerichts oder vom Amtsrichter aus den innerhalb des Bezirks des Gerichts wohnhaften und bei dem letzteren zugelassenen Anwälten bestellt worden sind, haben auf Reisekosten und Tagegelder für Reisen nach dem Sitze des Gerichts keinen Anspruch.[3]) Vgl. Anm. zu Art. 15 Nr. 4 und Art. 66.

Hinsichtlich der aus der Reichskasse zu erstattenden Auslagen bei der Untersuchung von Seeunfällen s. Art. 58 Nr. 3 letzten Absatz.

2. Im Privatklageverfahren haben sich je nach dem Ausfall desselben der Privatkläger und der Beschuldigte die erwachsenen nothwendigen Auslagen zu erstatten; unter die letzteren sind auch die Gebühren und Auslagen eines Rechtsanwalts insoweit einbegriffen, als solche nach der im Art. 15 wiedergegebenen Bestimmung der Civilprozeßordnung die unterliegende Partei der obsiegenden zu erstatten hat.[4])

II. Bauschgebühren.

Art. 51. Die nachstehenden Bauschgebühren sind ihrer Natur nach eine Vergütung nicht nur für die Thätigkeit im Termin, sondern für die Gesammtthätigkeit in der betreffenden Instanz; sie umfassen also auch die Anfertigung der zu derselben Instanz oder zu dem Vorverfahren gehörigen Anträge, Gesuche und Erklärungen, sowie die Einlegung von Rechtsmitteln gegen Entscheidungen oder Verfügungen derselben Instanz oder des Vorverfahrens.

Strafverfahren auf öffentliche Klage.

Art. 52. In Strafsachen[5]) erhält der Rechtsanwalt als Vertheidiger oder Vertreter in der Hauptverhandlung[6]) erster Instanz:

---

[1]) Str.P.O. §§ 406, 430. [2]) Str.P.O. § 150.

[3]) R.A.O. § 39 Abs. 2. [4]) Str.P.O. § 503.

[5]) Forst- und Feldrügesachen, welche in einem besonderen Verfahren verhandelt werden, fallen nicht unter die reichsgesetzliche Gebührenregelung, bleiben vielmehr der Partikulargesetzgebung vorbehalten.

[6]) d. h. diejenige Verhandlung vor dem erkennenden Gericht, welche unmittelbar der Urtheilsfällung vorausgeht. Str.P.O. § 242 ff.

1) vor dem Schöffengericht . . . . 12 Mark;
2) vor der Strafkammer . . . . 20 Mark;
3) vor dem Schwurgericht oder dem Reichsgericht 40 Mark,

und als gemeinschaftlicher Vertheidiger mehrerer Beschuldigter bzw. 18, 30 und 60 Mark.[1])

Diese Gebühren erhöhen sich, falls die Verhandlung sich auf mehrere Tage erstreckt, für jeden weiteren Tag der Vertheidigung um die Hälfte[2]) — also z. B. bei einer drei Tage währenden Vertheidigung auf den doppelten Betrag —, auch wenn die Verhandlung in Folge einer Unterbrechung gemäß § 228 Str.Pr.O. von Neuem beginnt.[3])

Art. 53. Dieselben Sätze stehen dem Rechtsanwalte in der Berufungsinstanz sowie in der Revisionsinstanz zu. Die Stufe bestimmt sich nach der Ordnung des Gerichts, welches in erster Instanz erkannt hat.[4])

Art. 54. Für die Vertheidigung im Vorverfahren[5]) erhält der Rechtsanwalt besonders:

1) in den zur Zuständigkeit der Schöffengerichte gehörigen Sachen 6 Mark;
2) in den zur Zuständigkeit der Strafkammer gehörigen Sachen . . . . 10 Mark;
3) in den zur Zuständigkeit der Schwurgerichte oder des Reichsgerichts gehörigen Sachen . . . . 20 Mark;

und als gemeinschaftlicher Vertheidiger mehrerer Beschuldigter bzw. 9, 15, 30 Mark.[6])

---

[1]) §§ 63, 72; die Gebühren sind auch zu liquidiren, wenn der Rechtsanwalt die Vertheidigung einem geeigneten Rechtskundigen übertragen hat; s. Art. 49 Nr. 3, sowie auch im Verfahren bei Einziehungen und Vermögensbeschlagnahmen, wenn der Rechtsanwalt Personen, welche einen rechtlichen Anspruch auf den Gegenstand der Einziehung, Vernichtung oder Unbrauchbarmachung haben, vertritt. Str.P.O. § 478.

[2]) § 64. [3]) Mot. S. 75.

[4]) § 66. Verweist das höhere Gericht eine Sache zur anderweiten Verhandlung und Entscheidung in erster Instanz an das frühere Gericht zurück oder an das zuständige Gericht (Str.P.O. §§ 369, 394, 395), so wird das neue Verfahren mit dem früheren Verfahren in derselben Instanz zusammen als ein Verfahren gelten.

[5]) Das Vorverfahren umfaßt die Vorbereitung der öffentlichen Klage (Str.P.O. § 156 ff.) wie auch die gerichtliche Voruntersuchung (Str.P.O. § 176 ff.) und schließt mit dem die Eröffnung des Hauptverfahrens anordnenden Beschluß ab.

[6]) §§ 67, 72. Die Schöffengerichte sind zuständig für alle Uebertretungen und für leichtere Vergehen (G.V.G. § 27); die Strafkammern: für die übrigen Vergehen, ferner für die im § 73 des G.V.G. aufgezählten Verbrechen und die daselbst im § 74 verzeichneten besonderen strafbaren Handlungen; die Schwurgerichte:

Privatklage und Nebenklage.

Art. 55. 1. Im Privatklageverfahren[1]) erhält der Rechtsanwalt für jede Instanz als Vertheidiger in der Hauptverhandlung, gleichviel ob dieselbe an einem oder mehreren Tagen stattfindet:

bei Vertretung eines Beschuldigten . . . . . 12 Mark,
bei Vertretung mehrerer Beschuldigter . . . . 18 Mark.

Findet eine Beweisaufnahme[2]) statt, — auch wenn der Vertheidiger ihr nicht beiwohnt, etwa weil sie im Requisitionswege erfolgt, — so erhöhen sich die Gebühren um 6 Mark, also auf 18 bezw. 24 Mark.[3])

2. Für die Vertretung eines Privatklägers kommen dieselben Sätze zur entsprechenden Anwendung,[4]) demnach bei Vertretung mehrerer[5]) Privatkläger die erhöhten Sätze. — Durch eine Widerklage tritt keine Erhöhung der Gebühr ein.

3. Für den seltenen Fall, daß eine Privatklage verbunden mit einem Verfahren auf öffentliche Klage verhandelt würde (Str.P.O. § 2—4), sind statt der Sätze zu 1 von 12 bezw. 18 Mark, je nach der Stufe des Gerichts, die im Art. 52 vorgesehenen Sätze zu liquidiren.

4. Uebernimmt die Staatsanwaltschaft die Verfolgung, so sind von da ab Gebühren wie für Vertretung eines Nebenklägers zu erheben.

5. Für die Vertretung eines Nebenklägers[6]) oder einer

---

für die Verbrechen, welche nicht zur Zuständigkeit der Strafkammern oder des Reichsgerichts gehören (G.V.G. § 80); das Reichsgericht: für die Untersuchung und Entscheidung in erster und letzter Instanz in den Fällen des Hochverraths und des Landesverraths, insofern diese Verbrechen gegen den Kaiser oder das Reich gerichtet sind. (G.V.G. § 136).

[1]) Im Wege der Privatklage — s. g. Injurienklage nach dem altpreußischen Recht — können Beleidigungen und Körperverletzungen, soweit die Verfolgung nur auf Antrag eintritt, verfolgt werden.

Das der Privatklage vorangehende Verfahren vor der Vergleichsbehörde (Str.P.O. § 420) ist hier nicht mit inbegriffen.

[2]) Ob eine Beweisaufnahme im Sinne dieser Bestimmung stattgefunden hat, erhellt aus den §§ 243, 244 der Str.P.O.

[3]) §§ 63 bis 65, 72. [4]) § 73.

[5]) Eine Betheiligung mehrerer Personen liegt selbstverständlich nicht vor, wenn eine zweite Person blos als Beistand des Privatklägers oder des Beschuldigten auftritt, wohl aber, wenn neben dem Verletzten eine Person in Geltendmachung des ihr zustehenden Rechts, selbständig auf Bestrafung anzutragen, auftritt. (Strafgesetzbuch §§ 195, 196, 232.)

[6]) Als Nebenkläger kann sich der erhobenen öffentlichen Klage jeder anschließen, der als Privatkläger aufzutreten oder die Zuerkennung einer Buße zu verlangen berechtigt ist; ebenso derjenige, welcher durch einen Antrag auf gerichtliche Entscheidung die Erhebung der öffentlichen Klage herbeigeführt hat, wenn die strafbare Handlung gegen sein Leben, seine Gesundheit, seine Freiheit, seinen Personenstand oder seine Vermögensrechte gerichtet war. Str.P.O. §§ 435, 443.

Verwaltungsbehörde im Falle des Art. 49 Nr. 6 finden die Regeln der Art. 52—54 über die Gebühren für die Vertheidigung entsprechende Anwendung.[1])

III. Gebühren für Anfertigung von Schriften.

Art. 56. Dem Rechtsanwalt stehen zu, wenn ausschließlich seine Thätigkeit sich darauf beschränkt, ohne daß ihm in derselben Instanz auch die Vertheidigung oder Vertretung übertragen ist:

1) für die Anfertigung
   a. einer Schrift zur Rechtfertigung einer Berufung,
   b. einer Schrift zur Begründung einer Revision,
   c. eines Antrags auf Wiederaufnahme des Verfahrens,
   d. eines Gnadengesuchs

   wenn in erster Instanz erkannt worden ist

durch das Schöffengericht	6 Mark;	für mehrere Beschuldigte 9 Mark
durch die Strafkammer	10 „	„ „ „ 15 „
durch das Schwurgericht oder das Reichsgericht	20 „	„ „ „ 30 „[2])

2) für die Anfertigung anderer als der vorstehenden Anträge, Gesuche und Erklärungen — wie z. B. von Beschwerdeschriften (Str.P.O. § 348 ff.), von Anträgen auf Entlassung aus der Haft oder Ladung von Zeugen, Einspruch gegen einen amtsrichterlichen Strafbefehl — sowie für Einlegung eines Rechtsmittels je 2 Mark und für mehrere Beschuldigte 3 Mark.

   Die Gebühr für die Einlegung eines Rechtsmittels wird jedoch auf die Gebühr für Rechtfertigung der Berufung (Nr. 1.a) und auf die Gebühr für Begründung der Revision (Nr. 1.b) angerechnet.[3])

3) für die Anfertigung einer Privatklage — 6 Mark;[4])

4) für die Anfertigung eines Antrags auf gerichtliche Entscheidung, welchen der Verletzte gegen den die Verfolgung ablehnenden Bescheid der Staatsanwaltschaft stellt (Str.P.O. § 170),

   die im Art. 54 aufgestellten Sätze von bezw. 6, 10, 20 Mark.[5])

---

[1]) § 73. [2]) § 68. Diese Gebühr kann, da die Rechtfertigung einer Berufung (Str.P.O. §§ 355, 358) oder die Stellung von Revisionsanträgen und deren Begründung (Str.P.O. §§ 384, 385) nicht unter den Begriff „Einlegung von Rechtsmitteln" (s. Art. 51) fallen, auch dem Rechtsanwalt zustehen, welcher die Vertheidigung oder Vertretung in der Vorinstanz geführt hat.

[3]) §§ 69, 71. [4]) § 73 Abs. 2. [5]) § 74.

IV. Sonstige Gebühren und Regeln.

Art. 57. 1. Dem Rechtsanwalt stehen außerdem noch Gebühren nach Maßgabe der Grundsätze für bürgerliche Rechtsstreitigkeiten besonders zu für die Vertretung

a) in dem Verfahren behufs Festsetzung der zu erstattenden Kosten (Str.P.O. § 496 Abs. 2);

b) in der Zwangsvollstreckung aus Entscheidungen, welche über eine Buße oder über Erstattung von Kosten ergangen sind[1]) (Str.P.O. §§ 495, 496);

c) für die Erhebung und Ablieferung von Geldern;[2])

d) für die Ausarbeitung eines Gutachtens mit juristischer Begründung.[3])

— s. die betreffenden Positionen des Tarifs.

2. Ist für das dem Rechtsanwalt übertragene Geschäft der Betrag der Gebühr in diesem Abschnitt nicht angegeben, so erhält er eine unter entsprechender Anwendung der Regeln dieses Abschnitts zu bemessende Gebühr.

Dasselbe gilt, insofern in diesem Abschnitt für die begonnene oder vorbereitete Ausführung eines vor der vollständigen Ausführung erledigten Auftrags eine Gebühr nicht vorgesehen ist.[4])

Art. 58. Die vorstehenden Bestimmungen finden auch Anwendung bei dem Gebührenansatz des Rechtsanwalts für seine Thätigkeit:

1) im Disciplinarverfahren nach Maßgabe des Gesetzes, betreffend die Rechtsverhältnisse der Reichsbeamten, vom 31. März 1873 (Reichsgesetzblatt S. 61);

Im förmlichen Disciplinarverfahren wird nach geschlossener Voruntersuchung durch Beschluß der obersten Reichsbehörde die Sache vor die Disciplinarkammer verwiesen. Der Angeklagte kann sich des Beistandes eines Rechtsanwalts als Vertheidigers bedienen und kann sich auch durch solchen in der Verhandlung vertreten lassen (§§ 101, 102 des bezogenen Gesetzes).

Gegen die Entscheidung der Disciplinarkammer steht die Berufung an den Disciplinarhof offen. Die Anmeldung der Berufung kann von Seiten des Angeschuldigten auch durch einen Bevollmächtigten geschehen (§ 111 a. a. O.).

2) im ehrengerichtlichen Verfahren gegen Rechtsanwälte;

Auf dasselbe finden die Vorschriften der Strafprozeßordnung über das Verfahren in den zur Zuständigkeit der Landgerichte

[1]) § 75. [2]) § 87. [3]) § 88. [4]) §§ 89, 90.

gehörigen Strafsachen Anwendung; danach kann also auch hier der Rechtsanwalt einem Beschuldigten als Vertheidiger Beistand leisten.

Eine Voruntersuchung ist statthaft.

Das Hauptverfahren vor dem Ehrengericht wird durch Beschluß eröffnet, R.A.O. § 78.

Gegen die Urtheile des Ehrengerichts ist die Berufung an den Ehrengerichtshof zulässig.

3) bei der Untersuchung von Seeunfällen.

In dem Verfahren vor dem Seeamt und Ober-Seeamt können sich der Schiffer und der Steuermann des Schiffes, dessen Unfall den Gegenstand der Untersuchung bildet, eines rechtskundigen Beistandes bedienen (Ges. v. 27. Juli 1877, betreffend die Untersuchung von Seeunfällen § 22 und Geschäftsordnung für das Ober-Seeamt vom 3. Mai 1878, Reichs-Centralblatt S. 276 § 7).

Gegen die Entscheidungen des Seeamts ist in gewissen Fällen das Rechtsmittel der Beschwerde an das Ober-Seeamt zulässig. Die Entscheidung des letzteren hat sich auch darüber auszusprechen, ob dem Beschwerdeführer die baaren Auslagen des Beschwerdeverfahrens zur Last zu legen sind.

Wird die vom Reichskommissar gegen den Spruch eines Seeamts eingelegte Beschwerde durch die Entscheidung des Ober-Seeamts zurückgewiesen, so können dem Gegner des Beschwerdeführers die ihm erwachsenen baaren Auslagen aus der Reichskasse erstattet werden. (Nachtrag zur Geschäftsordnung für das Ober-Seeamt vom 10. Mai 1879 — Reichs-Centralblatt S. 371.)

Das Verfahren vor der Disciplinarkammer, dem Ehrengericht und dem Seeamte steht im Sinne des Art. 52 dem Verfahren vor der Strafkammer gleich.

Fünfter Abschnitt.

Auslagen.

Art. 59. Aus der Natur des Mandatsverhältnisses ergiebt sich der Grundsatz, daß dem Rechtsanwalt nothwendige und nützliche Auslagen (Porto- und Telegraphengebühren u. a.), welche er zum Zwecke der Ausführung des ihm ertheilten Auftrags gemacht hat, zu erstatten sind.[1])

Für Verpackung von Briefen und Akten dürfen Auslagen nicht berechnet werden.[2]) Ebenso darf für die Besorgung von Briefen am Orte oder zur Post an Auslagen nur Porto bezw. wenn im einzelnen Falle die Annahme eines besonderen Boten nothwendig war, der Lohn desselben berechnet werden.[3])

Art. 60. Schreibgebühren stehen dem Rechtsanwalt nicht nur für die zum Prozeßbetrieb erforderlichen Abschriften von Schriftsätzen, Urkunden, Urtheilen oder Beschlüssen, sondern auch für seinen schriftlichen Verkehr mit dem Auftraggeber und für sonstiges Schreibwerk zu.

Die Schreibgebühr beträgt für die Seite, welche mindestens zwanzig Zeilen von durchschnittlich zwölf Silben enthält, zehn Pfennig, auch wenn die Herstellung auf mechanischem Wege stattgefunden hat. Jede angefangene Seite wird voll berechnet.

Dagegen ist die besondere Berechnung von Schreibmaterialien ausgeschlossen.[4])

Art. 61. Bei Geschäftsreisen erhält der Rechtsanwalt, vorbehaltlich der im Art. 15 Nr. 5 und Art. 50 wiedergegebenen Bestimmungen der Rechtsanwaltsordnung:

I. an Tagegeldern[5]) . . . . 12 Mark;
II. für ein Nachtquartier . . . . 5 Mark;
III. an Fuhrkosten einschließlich der Kosten der Gepäckbeförderung:

---

[1]) Mot. S. 79. [2]) § 77. [3]) Mot. S. 80.
[4]) § 76, Mot. S. 80 und G.K.G. § 80.
[5]) Der Tag wird von Mitternacht zu Mitternacht zu rechnen sein.

1. wenn die Reise auf Eisenbahnen oder Dampfschiffen gemacht werden kann, für das Kilometer . . . . 13 Pf.
   und für jeden Zu- und Abgang[1]) zusammen . . . . 3 Mark:
2. anderenfalls . . . . 60 Pf.
   für das Kilometer der nächsten fahrbaren Straßenverbindung.

Haben höhere Fuhrkosten aufgewendet werden müssen, so werden diese erstattet.[2])

Art. 62. Die Fuhrkosten werden für die Hin- und Rückreise besonders berechnet.

Hat ein Rechtsanwalt Geschäfte an verschiedenen Orten unmittelbar nach einander ausgerichtet, so ist der von Ort zu Ort zurückgelegte Weg ungetheilt der Berechnung der Fuhrkosten zu Grunde zu legen.

Bei einer Reise zur Ausführung der Aufträge mehrerer Auftraggeber findet der Grundsatz des Art. 6 entsprechende Anwendung.[3])

---

[1]) Diese Nebenkosten können bei jeder nicht unterbrochenen Fahrt nur einmal liquidirt werden. Eine mehrfache Vergütung wird nur dann stattfinden können, wenn der Rechtsanwalt die Eisenbahn oder das Dampfschiff an einem Zwischenorte Berufsgeschäfte halber oder zum Zweck des Uebernachtens verlassen muß, oder auch bei Uebergängen von Bahnhof zu Bahnhof, wenn nämlich der Ankunftsbahnhof verlassen und die Reise von einem anderen Bahnhofe aus, welcher mit dem ersteren nicht in unmittelbarem Zusammenhange steht, sondern von demselben örtlich getrennt ist, fortgesetzt werden muß, sofern nicht der Uebergang mittels durchgehender oder unmittelbar anschließender Züge erfolgt.

In Preußen ist hierüber durch Ministerialerlasse (Justiz-Ministerialblatt von 1851 S. 83 und von 1869 S. 103) Bestimmung getroffen.

Bei Zweifelsfällen wird immer zu bedenken sein, daß die Vergütung für Ab- und Zugang nur ein Ersatz entstandener Auslagen sein soll.

[2]) § 78.

[3]) § 79. Der Rechtsanwalt kann die Reisekosten nur einmal und zwar von jedem seiner Auftraggeber fordern. Wie sich die Sache gestaltet, wenn der Rechtsanwalt auf seiner Reise die Aufträge mehrerer Auftraggeber an verschiedenen Orten ausgeführt hat, wird sich am besten aus folgendem Beispiele ergeben.

Wenn ein in Berlin wohnhafter Rechtsanwalt, welcher im Auftrage des A eine Reise nach Potsdam, im Auftrage des B eine Reise nach Magdeburg und im Auftrage des C eine Reise nach Stendal zu machen hat, diese Reise in einer Rundtour Berlin, Potsdam, Magdeburg, Stendal, Berlin erledigt, so stehen ihm an Fuhrkosten zu:

für die Reise von Berlin nach Potsdam . .	für 26,1	km
„ „ „ „ Potsdam nach Magdeburg .	„ 115,9	„
„ „ „ „ Magdeburg nach Stendal .	„ 58,73	„
„ „ „ „ Stendal nach Berlin . . .	„ 106	„
	306,73=307 km	

Art. 63. Für Geschäfte am Wohnorte stehen dem Rechtsanwalte weder Tagegelder noch Fuhrkosten zu; dasselbe gilt von Geschäften außerhalb des Wohnortes in geringerer Entfernung als zwei Kilometer von demselben.

---

demnach für 307 km zu 13 Pf. 39,91 *M*; außerdem für jeden Ab- und Zugang 3 *M*, also 12 *M*, zusammen 51,91 *M* Fuhrkosten. Hierzu treten Tagegelder mit 12 *M* für jeden Tag, desgleichen 5 *M* für jedes Nachtquartier.

Mehr als diesen Betrag kann er von seinen drei Auftraggebern zusammen nicht verlangen. Die Frage, wieviel er von jedem einzelnen verlangen kann, beantwortet sich nach Art. 6 wie folgt: Er kann an Fuhrkosten beanspruchen:

1) von A:

für Hinreise . . . (26,1 oder)	27 km		
⸗ Rückreise	27 ⸗		
	54 km à 13 Pf. =	7,02 *M*	
für zwei Ab- und Zugänge		6,00 ⸗	
			13,02 *M*

2) von B:

für Hinreise 26,1 + 115,9 km			
zusammen	142 km		
⸗ Rückreise	142 ⸗		
	284 km à 13 Pf. =	36,92 *M*	
für zwei Ab- und Zugänge		6,00 ⸗	
			42,92 *M*

3) von C:

für Hinreise	106 km		
⸗ Rückreise	106 ⸗		
	212 km à 13 Pf. =	27,56 *M*	
für zwei Ab- und Zugänge		6,00 ⸗	
			33,56 *M*

außerdem von jedem Auftraggeber an Tagegeldern und für Nachtquartier so viel, als er zu fordern gehabt haben würde, wenn er die Reise für ihn allein gemacht hätte. Gesetzt, er hätte auf die ganze Reise 3 Tage und 2 Nächte zugebracht, und gesetzt ferner, er würde zu den Reisen für A und C nur je einen Tag, zu der für B aber 2 Tage und eine Nacht gebraucht haben, so würde er für die ganze Reise im Ganzen

an Fuhrkosten und Ab- und Zugängen . .	51,91 *M*
an Tagegeldern 3 mal 12 *M* = ...	36 ⸗
und für Nachtquartier 2 mal 5 *M* = . . .	10 ⸗
	97,91 *M*

zu fordern haben, und er würde

A in Höhe von	25,02 *M*	(nämlich 13,02 + 12),
B ⸗ ⸗ ⸗	71,92 ⸗	(nämlich 42,92 + 24 + 5),
C ⸗ ⸗ ⸗	45,56 ⸗	(nämlich 33,56 + 12)

in Anspruch nehmen können, jedoch mit der Maßgabe, daß, wenn z. B. B 71,92 *M* gezahlt hätte, er von A und C zusammen nur noch den Rest von 25,99 *M* fordern könnte. Mot. S. 82.

War der Rechtsanwalt durch außergewöhnliche Umstände genöthigt, sich eines Fuhrwerks zu bedienen, oder waren sonstige nothwendige Unkosten, wie Brücken- oder Fährgeld, aufzuwenden, so sind die Auslagen zu erstatten.

Für einzelne Ortschaften kann durch die Landesjustizverwaltung bestimmt werden, daß den Rechtsanwälten bei den nicht an der Gerichtsstelle vorzunehmenden Geschäften die verauslagten Fuhrkosten zu erstatten sind.[1])

Art. 64. Bei Berechnung der Entfernungen wird jedes angefangene Kilometer für ein volles Kilometer gerechnet.[2])

Diese Abrundung wird eintreten, auch wenn theils auf Eisenbahnen, theils auf Dampfschiffen, theils mit anderen Transportmitteln die Reise bewerkstelligt worden ist.

Art. 65. Der Rechtsanwalt, welcher seinen Wohnsitz verlegt, kann bei Fortführung eines ihm vorher ertheilten Auftrags Tagegelder und Reisekosten nur insoweit verlangen, als sie ihm auch bei Beibehaltung seines Wohnsitzes zugestanden haben würden.[3])

Art. 66. Hat ein Rechtsanwalt seinen Wohnsitz an einem Orte, an welchem sich kein Gericht befindet, so kann die Landesjustizverwaltung bestimmen, daß ihm Tagegelder und Reisekosten nur insoweit zustehen, als er solche auch verlangen könnte, wenn er seinen Wohnsitz an dem Orte des Amtsgerichts, in dessen Bezirk er wohnt, genommen hätte.[4])

---

[1]) § 80. [2]) § 81. Die Berechnung wird am zweckmäßigsten nach dem Postkursbuch erfolgen.

[3]) § 82; s. a. Art. 15 Nr. 4.

[4]) § 83. Der vorausgesetzte Fall kann eintreten: wenn ein zur Zeit des Inkrafttretens der Rechtsanwalts-Ordnung (am 1. Oktober 1879) vorhandener Rechtsanwalt bei einem Landgericht, in dessen Bezirk er bisher seinen Wohnsitz hatte, unter Beibehaltung seines bisherigen Wohnsitzes zugelassen wird (R.A.O. § 107), oder

wenn die Landesjustizverwaltung einem bei einem Amtsgerichte zugelassenen Rechtsanwalte gestattet, an einem anderen Orte innerhalb des Amtsgerichtsbezirkes seinen Wohnsitz zu nehmen (R.A.O. § 18 Abs. 3).

s. Art. 15 Nr. 4 und Art. 50.

Sechster Abschnitt.

Einforderung von Gebühren und Auslagen.

Vorschuß.

Art. 67. Der Rechtsanwalt kann von seinem Auftraggeber zu jeder Zeit, wenn es ihm erforderlich erscheint, angemessenen Vorschuß fordern.[1])

Er kann zunächst verlangen, daß ihm die Auslagen vorschußweise gezahlt werden. Bezüglich der Gebühren würde ein Vorschuß, welcher den vermuthlichen Betrag derselben überstiege, niemals als ein angemessener erachtet werden können. In der Regel wird es keinem Bedenken unterliegen, wenn der Rechtsanwalt bei dem Beginn eines Rechtsstreits die Prozeßgebühr und die Verhandlungsgebühr — letztere, wenn eine Beendigung durch Versäumnißurtheil zu vermuthen ist, zur Hälfte — als Vorschuß beansprucht.

Ein von dem Gericht einer armen Partei in bürgerlichen Rechtsstreitigkeiten als Vertreter oder einem Angeklagten als Vertheidiger bestellter Rechtsanwalt hat selbstredend keinen Anspruch auf Vorschußleistung.[2])

Fälligkeit der Gebühren.

Art. 68. Dem Auftraggeber gegenüber werden die Gebühren des Rechtsanwalts fällig, sobald über die Verpflichtung, dieselben zu tragen, eine — bedingte oder unbedingte — Entscheidung ergangen ist, sowie bei Beendigung der Instanz (im Sinne der Art. 22 ff.) oder bei Erledigung des Auftrags.[3])

Was die Auslagen betrifft, so kann der Rechtsanwalt dieselben sofort erstattet verlangen, soweit er sie nicht schon vorschußweise erhalten hat.[4])

Einforderung der Gebühren und Auslagen.

Art. 69. Die Einforderung der Gebühren und Auslagen ist nur zuläßig, wenn vorher oder gleichzeitig eine von dem Rechtsanwalt

---

[1]) § 84. [2]) Mot. S. 85. [3]) § 85. [4]) Mot. S. 85.

unterschriebene Berechnung[1]) derselben mit Angabe des Werthes des Streitgegenstandes, sofern der Werth maßgebend, und unter Bezeichnung der zur Anwendung kommenden Bestimmungen der Anwaltsgebührenordnung mitgetheilt wird.

Die Mittheilung dieser Berechnung kann auch nach erfolgter Zahlung verlangt werden, so lange nicht die Handakten zurückgenommen sind oder die Verpflichtung des Rechtsanwalts zur Aufbewahrung derselben erloschen ist.[2])

Für die Unterlassung der Mittheilung einer speziellen Berechnung ist eine Ordnungsstrafe — wie bisher in Preußen — nicht angedroht. Der Partei bleibt es vielmehr überlassen, wegen unvollständiger Rechnungsaufstellung die Zahlung zu verweigern, oder sich über den Rechtsanwalt bei der zuständigen Aufsichtsbehörde zu beschweren.

Ueberdies ist die Nothwendigkeit der Aufstellung einer Rechnung auch nur an den Fall der Zahlungs-Einforderung gebunden; bei einfachen, mündlich abgemachten oder mit sofortiger Anfertigung einer Schrift verbundenen Rathsertheilungen, wofür die Zahlung sofort erfolgt, bedarf es der Aufstellung einer, von der Partei nicht verlangten, förmlichen Liquidation nicht.

Art. 70. 1. Darüber wie die Einziehung der Gebühren von dem Auftraggeber erfolgt, enthält die Anwaltsgebührenordnung sonst keine Bestimmung.

2. Die Gebühr für Erhebung und Ablieferung von Geldern kann von diesen sofort bei der Ablieferung entnommen werden; auf Werthpapiere findet dieser Grundsatz natürlich keine Anwendung.[3])

3. Bei der Zwangsvollstreckung sind die Anwaltsgebühren zugleich mit dem zur Zwangsvollstreckung stehenden Anspruch beizutreiben.

4. Im Uebrigen hat der Rechtsanwalt, wenn der Auftraggeber nicht gutwillig zahlt, im ordentlichen Verfahren zu klagen, und nur in diesem ist ein etwaiger Streit über die Höhe der Gebühren zum Austrag zu bringen.

5. Für Klagen der Prozeßbevollmächtigten und der Beistände wegen Gebühren und Auslagen ist das Gericht des Hauptprozesses zuständig.[4])

---

[1]) Die Anfertigung und Uebersendung der Rechnung erfolgt kostenfrei, s. Art. 9; vgl. auch Art. 6 Abs. 2.

[2]) § 86. Die Pflicht zur Aufbewahrung der Handakten erlischt mit Ablauf von 5 Jahren nach Beendigung des Auftrags und schon vor Beendigung dieses Zeitraums, wenn der Auftraggeber, zur Empfangnahme der Handakten aufgefordert, sie nicht binnen 6 Monaten nach erhaltener Aufforderung in Empfang genommen hat (R.A.O. § 32).

[3]) § 87. [4]) C.P.O. § 34.

6. Der für eine arme Partei bestellte Rechtsanwalt ist berechtigt, seine Gebühren und Auslagen von dem in die Prozeßkosten verurtheilten Gegner beizutreiben.[1])

Die zum Armenrechte zugelassene Partei ist zur Nachzahlung der Beträge, von deren Berichtigung sie einstweilen befreit war, verpflichtet, sobald sie ohne Beeinträchtigung des für sie und ihre Familie nothwendigen Unterhalts dazu im Stande ist. Dasselbe gilt in Betreff derjenigen Beträge, von deren Berichtigung der Gegner einstweilen befreit war, soweit die arme Partei in die Prozeßkosten verurtheilt ist.[2])

7. In dem Falle zu 6 tritt das gerichtliche Festsetzungsverfahren nach den §§ 98—100 der C.P.O.[3]) ein, wie solches bei Erstattung von Prozeßkosten zwischen den Parteien Platz greift.

8. Im Mahnverfahren wird durch den Zahlungsbefehl dem Schuldner zugleich die Erstattung der Kosten des Verfahrens aufgegeben und in den Vollstreckungsbefehl werden die von dem Gläubiger zu berechnenden Kosten des bisherigen Verfahrens aufgenommen.

Art. 71. Dem Rechtsanwalt steht es frei, nach Ausführung eines Auftrags ein besonderes Honorar neben den gesetzlichen Gebühren mit in Rechnung zu stellen, sofern es in einer Weise geschieht, welche den Zahlungspflichtigen darüber außer Zweifel läßt, daß dasselbe keine dem Anwalt gesetzlich zustehende Gebühr sei. Auf eine solche Mehrforderung würde die Anwendung der §§ 352, 353 des Strafgesetzbuchs ausgeschlossen sein, wie seitens des Regierungs-Kommissars bei der Berathung der Anwaltsgebührenordnung im Reichstage anerkannt worden ist. (Stenographische Berichte, Sommer 1879 S. 1582 u. 1683).

[1]) C.P.O. § 115. [2]) C.P.O. § 116.

[3]) § 98 C.P.O. Der Anspruch auf Erstattung der Prozeßkosten kann nur auf Grund eines zur Zwangsvollstreckung geeigneten Titels geltend gemacht werden.

Das Gesuch um Festsetzung des zu erstattenden Betrages ist bei dem Gerichte erster Instanz anzubringen; es kann vor dem Gerichtsschreiber zu Protokoll erklärt werden. Die Kostenberechnung, die zur Mittheilung an den Gegner bestimmte Abschrift derselben und die zur Rechtfertigung der einzelnen Ansätze dienenden Belege sind beizufügen.

§ 99 C.P.O. Die Entscheidung über das Festsetzungsgesuch kann ohne vorgängige mündliche Verhandlung erfolgen.

Zur Berücksichtigung eines Ansatzes genügt, daß derselbe glaubhaft gemacht ist.

Gegen den Festsetzungsbeschluß findet sofortige Beschwerde statt.

§ 100 C.P.O. Sind die Prozeßkosten ganz oder theilweise nach Quoten vertheilt, so hat die Partei den Gegner vor Anbringung des Festsetzungsgesuchs aufzufordern, die Berechnung seiner Kosten binnen einer einwöchigen Frist bei dem Gerichte einzureichen. Nach fruchtlosem Ablaufe der Frist erfolgt die Entscheidung ohne Rücksicht auf die Kosten des Gegners, unbeschadet des Rechts des letzteren, den Anspruch auf Erstattung nachträglich geltend zu machen. Der Gegner haftet für die Mehrkosten, welche durch das nachträgliche Verfahren entstehen.

Gebührenordnung für Rechtsanwälte.

Vom 7. Juli 1879 (Reichs-Gesetzblatt S. 176 ff.).

Erster Abschnitt.

Allgemeine Bestimmungen.

§ 1.

Die Vergütung für die Berufsthätigkeit des Rechtsanwalts in einem Verfahren vor den ordentlichen Gerichten, auf welches die Civilprozeßordnung, die Strafprozeßordnung oder die Konkursordnung Anwendung findet, sowie für die berathende Berufsthätigkeit des Rechtsanwalts, welche den Beginn oder die Fortsetzung eines solchen Verfahrens betrifft, bestimmt sich nach den Vorschriften dieses Gesetzes.

§ 2.

Für die Ausführung eines Auftrags, dessen gemeinschaftliche Erledigung mehreren Rechtsanwälten übertragen ist, steht jedem derselben die volle Vergütung zu.

§ 3.

Bei Ausführung von Aufträgen mehrerer Auftraggeber durch dieselbe Thätigkeit haftet jeder Auftraggeber dem Rechtsanwalte für denjenigen Betrag an Gebühren und Auslagen, welcher bei abgesonderter Ausführung seines Auftrags erwachsen sein würde. Die Mitverhaftung der anderen Auftraggeber kann dem Rechtsanwalte gegenüber nicht geltend gemacht werden.

§ 4.

Für die Thätigkeit als Beistand stehen dem Rechtsanwalte die gleichen Gebühren zu wie für die Vertretung.

§ 5.

Für Unterzeichnung eines Schriftsatzes erhält der Rechtsanwalt die gleichen Gebühren wie für Anfertigung desselben.

§ 6.

Für Anfertigung und Uebersendung von Rechnungen über Gebühren und Auslagen und für Zahlungsaufforderungen wegen derselben kann der Rechtsanwalt eine Gebühr nicht beanspruchen.

§ 7.

Bei dem Betrieb eigener Angelegenheiten kann der Rechtsanwalt von dem zur Erstattung der Kosten des Verfahrens verpflichteten Gegner Gebühren und Auslagen bis zu dem Betrage fordern, in welchem er Gebühren und Auslagen eines bevollmächtigten Rechtsanwalts erstattet verlangen könnte.

§ 8.

Der niedrigste Betrag einer jeden nach den Vorschriften der Abschnitte zwei bis vier zu berechnenden Gebühr wird auf eine Mark bestimmt.

Zweiter Abschnitt.

Gebühren in bürgerlichen Rechtsstreitigkeiten.

§ 9.

In bürgerlichen Rechtsstreitigkeiten werden die Gebühren nach dem Werthe des Streitgegenstandes erhoben.

Der Gebührensatz beträgt bei Gegenständen im Werthe:

1.	bis 20 Mark einschließlich							. . . .	2	Mark,
2.	von	mehr	als	20	bis	60	Mark	einschließlich . . .	3	=
3.	=	=	=	60	=	120	=	=	4	=
4.	=	=	=	120	=	200	=	=	7	=
5.	=	=	=	200	=	300	=	=	10	=
6.	=	=	=	300	=	450	=	=	14	=
7.	=	=	=	450	=	650	=	=	19	=
8.	=	=	=	650	=	900	=	=	24	=
9.	=	=	=	900	=	1 200	=	=	28	=
10.	=	=	=	1 200	=	1 600	=	=	32	=
11.	=	=	=	1 600	=	2 100	=	=	36	=
12.	=	=	=	2 100	=	2 700	=	=	40	=
13.	=	=	=	2 700	=	3 400	=	=	44	=
14.	=	=	=	3 400	=	4 300	=	=	48	=
15.	=	=	=	4 300	=	5 400	=	=	52	=
16.	=	=	=	5 400	=	6 700	=	=	56	=
17.	=	=	=	6 700	=	8 200	=	=	60	=
18.	=	=	=	8 200	=	10 000	=	=	64	=

Die ferneren Werthsklassen steigen um je 2000 Mark und die Gebührensätze in den Klassen bis 50 000 Mark einschließlich um je 4 Mark, bis 100 000 Mark einschließlich um je 3 Mark und darüber hinaus um je 2 Mark.

§ 10.

Auf die Werthsberechnung finden die Vorschriften der §§ 9 bis 13 des Gerichtskostengesetzes Anwendung.

§ 11.

Die für die Berechnung der Gerichtsgebühren maßgebende Festsetzung des Werthes ist für die Berechnung der Gebühren der Rechtsanwälte maßgebend.

§ 12.

Gegen den im § 16 des Gerichtskostengesetzes bezeichneten Beschluß steht dem Rechtsanwalte die Beschwerde nach Maßgabe der §§ 531 bis 538 der Civilprozeßordnung zu.

§ 13.

Die Sätze des § 9 stehen dem als Prozeßbemächtigten bestellten Rechtsanwalte zu:

1. für den Geschäftsbetrieb, einschließlich der Information (Prozeßgebühr);
2. für die mündliche Verhandlung (Verhandlungsgebühr);
3. für die Mitwirkung bei einem zur Beilegung des Rechtsstreits abgeschlossenen Vergleiche (Vergleichsgebühr).

Die Sätze des § 9 stehen demselben zu fünf Zehntheilen zu:

4. für die Vertretung in dem Termine zur Leistung des durch ein Urtheil auferlegten Eides sowie in einem Beweisaufnahmeverfahren, wenn die Beweisaufnahme nicht blos in Vorlegung der in den Händen des Beweisführers oder des Gegners befindlichen Urkunden besteht (Beweisgebühr).

§ 14.

Soweit der Auftrag vor der mündlichen Verhandlung erledigt ist, ohne daß der Rechtsanwalt die Klage eingereicht hat oder einen Schriftsatz hat zustellen lassen, steht ihm die Prozeßgebühr nur zu fünf Zehntheilen zu.

In einem Verfahren, für welches eine mündliche Verhandlung durch das Gesetz nicht vorgeschrieben ist, findet die gleiche Ermäßigung statt, soweit der Auftrag erledigt ist, bevor der Antrag an das Gericht eingereicht, der mündliche Antrag gestellt oder der Auftrag an den Gerichtsvollzieher oder den diesen Auftrag vermittelnden Gerichtsschreiber ertheilt ist.

§ 15.

Die Verhandlungsgebühr steht dem Rechtsanwalte nicht zu, welcher zur mündlichen Verhandlung geladen hat, ohne daß dieselbe durch das Gesetz vorgeschrieben oder durch das Gericht oder den Vorsitzenden angeordnet war.

§ 16.

Für eine nicht kontradiktorische Verhandlung (Gerichtskostengesetz § 19) steht dem Rechtsanwalte die Verhandlungsgebühr nur zu fünf Zehntheilen zu. Diese Minderung tritt in Ehesachen und in den vor die Landgerichte gehörigen Entmündigungssachen nicht ein, sofern der Kläger verhandelt.

Die Verhandlung im vorbereitenden Verfahren (Civilprozeßordnung §§ 313 bis 316) gilt als kontradiktorische mündliche Verhandlung.

§ 17.

Insoweit sich in den Fällen des § 13 Nr. 4 die Vertretung auf die weitere mündliche Verhandlung erstreckt, erhöht sich die dem Rechtsanwalte zustehende Verhandlungsgebühr um fünf Zehntheile und, wenn die weitere mündliche Verhandlung eine nicht kontradiktorische ist, um die Hälfte des Betrags.

§ 18.

Die Vergleichsgebühr steht dem Rechtsanwalte nur zu fünf Zehntheilen zu, wenn ihm für denselben Streitgegenstand die volle Verhandlungsgebühr zusteht und der Vergleich vor dem Prozeßgericht oder einem ersuchten oder beauftragten Richter abgeschlossen ist.

§ 19.

Sechs Zehntheile der in den §§ 13 bis 18 bestimmten Gebühren erhält der zum Prozeßbevollmächtigten bestellte Rechtsanwalt für die Vertretung im Urkunden- oder Wechselprozesse (Civilprozeßordnung §§ 555 bis 567).

§ 20.

Fünf Zehntheile der in den §§ 13 bis 18 bestimmten Gebühren erhält der Rechtsanwalt, soweit die durch die Gebühr zu vergütende Thätigkeit ausschließlich die im Gerichtskostengesetze § 26 Nr. 1 bis 10 bezeichneten Gegenstände betrifft.

§ 21.

Der Rechtsanwalt erhält neben den ihm sonst zustehenden Gebühren die Prozeßgebühr nur zu fünf Zehntheilen, wenn seine Thätigkeit ausschließlich die Erledigung eines bedingten Urtheils betrifft.

§ 22.

Der Rechtsanwalt erhält die Prozeßgebühr und die Verhandlungsgebühr nur zu fünf Zehntheilen, wenn seine Thätigkeit Anträge auf Sicherung des Beweises (Civilprozeßordnung §§ 447 bis 455) oder die Anordnung der von Schiedsrichtern für erforderlich erachteten richterlichen Handlungen (Civilprozeßordnung § 862) betrifft. Für die Vertretung bei der Beweisaufnahme erhält der Rechtsanwalt die Beweisgebühr (§ 13 Nr. 4).

§ 23.

Drei Zehntheile der in den §§ 13 bis 18 bestimmten Gebühren erhält der Rechtsanwalt, wenn seine Thätigkeit betrifft:

1. die im Gerichtskostengesetze § 27 Nr. 1, § 34 Nr. 1, § 35 Nr. 2, 4 § 47 Nr. 1 bis 12 bezeichneten Angelegenheiten;
2. die Zwangsvollstreckung.

§ 24.

Zwei Zehntheile der in den §§ 13 bis 18 bestimmten Gebühren erhält der Rechtsanwalt, wenn seine Thätigkeit die im Gerichtskostengesetze § 35 Nr. 1, § 38 bezeichneten Anträge oder Gesuche betrifft.

§ 25.

Jede der im § 13 benannten Gebühren kann der Rechtsanwalt in jeder Instanz rücksichtlich eines jeden Theils des Streitgegenstandes nur einmal beanspruchen.

§ 26.

Für die Bestimmung des Umfanges einer Instanz im Sinne des § 25 finden die Vorschriften der §§ 30, 31 des Gerichtskostengesetzes entsprechende Anwendung.

§ 27.

Im Falle der Zurücknahme oder Verwerfung des gegen ein Versäumnißurtheil eingelegten Einspruchs gilt das Verfahren über denselben für die Gebühren der Rechtsanwälte, mit Ausnahme der Prozeßgebühr, als neue Instanz.

Im Falle der Zulassung des Einspruchs steht dem Rechtsanwalte des Gegners der den Einspruch einlegenden Partei die Gebühr für die mündliche Verhandlung, auf welche das Versäumnißurtheil erlassen ist, besonders zu.

Ist das Versäumnißurtheil wegen Nichterscheinens des Schwurpflichtigen in einem zur Eidesleistung bestimmten Termine ergangen (Civilprozeßordnung § 430), so finden die Bestimmungen des Absatz 2 auch auf den Rechtsanwalt der Partei Anwendung, welche den Einspruch eingelegt hat.

§ 28.

Das ordentliche Verfahren, welches nach der Abstandnahme vom Urkunden- oder Wechselprozesse sowie nach dem mit Vorbehalt in demselben erlassenen Urtheil anhängig bleibt (Civilprozeßordnung §§ 559, 563), gilt für die Berechnung der Gebühren des Rechtsanwalts als besonderer Rechtsstreit; der Rechtsanwalt muß sich jedoch die Prozeßgebühr des Urkunden- oder Wechselprozesses auf die gleiche Gebühr des ordentlichen Verfahrens anrechnen.

§ 29.

Die im § 13 benannten Gebühren umfassen die gesammte Thätigkeit des Rechtsanwalts von dem Auftrage bis zur Beendigung der Instanz.

Zu der Instanz gehören insbesondere:

1. das Verfahren behufs Festsetzung des Werthes des Streitgegenstandes;
2. Zwischenstreite mit Nebenintervenienten sowie mit Zeugen oder Sachverständigen;
3. das Verfahren zur Sicherung des Beweises (Civilprozeßordnung §§ 447 bis 455), wenn die Hauptsache anhängig ist;
4. das Verfahren über einen Antrag auf Anordnung oder Aufhebung eines Arrestes oder einer einstweiligen Verfügung sowie über einen Antrag auf vorläufige Einstellung, Beschränkung oder Aufhebung einer Zwangsvollstreckung (Civilprozeßordnung §§ 647, 657, 688, 690 Abs. 3. §§ 696, 710 Abs. 4), soweit das Verfahren mit dem Verfahren über die Hauptsache verbunden ist;
5. das Verfahren über einen Antrag auf Aenderung einer Entscheidung des beauftragten oder ersuchten Richters oder des Gerichtsschreibers (Civilprozeßordnung § 539);
6. das Verfahren über die im Gerichtskostengesetze § 47 Nr. 1 bis 12 bezeichneten Streitpunkte und Anträge;
7. die Zustellung und Empfangnahme der Entscheidungen und die Mittheilung derselben an den Auftraggeber;
8. die Uebersendung der Handakten an den Bevollmächtigten einer anderen Instanz.

§ 30.

Die Gebühren werden besonders erhoben für die Thätigkeit bei Streitigkeiten und Anträgen, welche betreffen:

1. die Sicherung des Beweises (Civilprozeßordnung §§ 447 bis 455), wenn die Hauptsache noch nicht anhängig ist;
2. das Verfahren über einen Antrag auf Anordnung oder Aufhebung eines Arrestes oder einer einstweiligen Verfügung sowie über einen Antrag auf vorläufige Einstellung, Beschränkung oder Aufhebung einer Zwangsvoll-

streckung (Civilprozeßordnung §§ 688, 690 Abs. 3, §§ 696, 710 Abs. 4), sofern das Verfahren von dem Verfahren über die Hauptsache getrennt ist;

3. den Betrag der zu erstattenden Prozeßkosten (Civilprozeßordnung §§ 98, 99).

Wird die vorläufige Einstellung, Beschränkung oder Aufhebung der Zwangsvollstreckung bei dem Vollstreckungsgericht und bei dem Prozeßgericht beantragt, so wird die Prozeßgebühr nur einmal erhoben.

§ 31.

In der Zwangsvollstreckung bildet eine jede Vollstreckungsmaßregel zusammen mit den durch dieselbe vorbereiteten weiteren Vollstreckungshandlungen bis zu der durch die Maßregel zu erlangenden Befriedigung des Gläubigers Eine Instanz.

Die landesgesetzlichen Bestimmungen in Betreff der Gebühren für eine den Landesgesetzen unterliegende Zwangsvollstreckung bleiben unberührt.

§ 32.

Das Verfahren über einen Antrag auf Ertheilung einer weiteren vollstreckbaren Ausfertigung (Civilprozeßordnung § 669), das Verfahren zur Abnahme des Offenbarungseides (Civilprozeßordnung §§ 781, 782), und die Ausführung der Zwangsvollstreckung in ein gepfändetes Vermögensrecht durch Verwaltung (Civilprozeßordnung § 754 Abs. 3) bilden besondere Instanzen der Zwangsvollstreckung.

§ 33.

Die Vollstreckung der Entscheidung, durch welche der Schuldner nach Maßgabe des § 773 Abs. 2 der Civilprozeßordnung zur Vorauszahlung der Kosten verurtheilt wird, scheidet aus der Zwangsvollstreckung zur Erwirkung der Handlung als besonderes Verfahren aus.

Soll die Zwangsvollstreckung auf Unterlassung oder Duldung einer Handlung durch Strafen ausgeführt werden (Civilprozeßordnung § 775 Abs. 1), so bildet eine jede Verurtheilung zu einer Strafe nach Maßgabe der Vorschriften des § 29 den Schluß der Instanz.

Die Erwirkung der einer Verurtheilung vorausgehenden Strafandrohung (Civilprozeßordnung § 775 Abs. 2) gehört zur Instanz der Hauptsache; dem Rechtsanwalte, welcher diese Instanz nicht geführt hat, steht die im § 23 bestimmte Gebühr zu.

§ 34.

Bei Ausführung der Zwangsvollstreckung auf Vornahme einer Handlung durch Geldstrafen oder Haft (Civilprozeßordnung § 774) bildet das gesammte Verfahren eine Instanz.

§ 35.

Für die einmalige Erwirkung des Zeugnisses der Rechtskraft (Civilprozeßordnung § 646) oder der Vollstreckungsklausel (Civilprozeßordnung §§ 662 bis 666, 703, 704 Abs. 1, § 705 Abs. 1, 2, § 809) steht weder dem Rechtsanwalte der Instanz, in welcher dieselben zu ertheilen, noch dem Rechtsanwalte, welcher mit dem Betriebe der Zwangsvollstreckung beauftragt ist und für die Aufhebung einer Vollstreckungsmaßregel weder dem Rechtsanwalte, welcher deren Vornahme veranlaßt hat, noch dem Rechtsanwalte, welcher mit dem Betriebe der weiteren Zwangsvollstreckung beauftragt ist, eine Gebühr zu.

§ 36.

Die Vorschriften der §§ 31 bis 35 finden bei Vollziehung eines Arrestbefehls oder einer einstweiligen Verfügung (Civilprozeßordnung §§ 808 bis 813, 815) entsprechende Anwendung.

Die Instanz dauert bis zur Aufhebung des Arrestes oder der einstweiligen Verfügung oder bis zum Anfange der Zwangsvollstreckung aus dem in der Hauptsache erlassenen Urtheile.

§ 37.

Für die Mitwirkung bei einem der Klage vorausgehenden Sühneverfahren (Civilprozeßordnung §§ 471, 571) erhält der Rechtsanwalt drei Zehntheile der Sätze des § 9.

Diese Gebühr wird im Falle der Verhandlung des Rechtsstreits vor dem Amtsgericht auf die Prozeßgebühr angerechnet.

Ist in dem Falle des § 471 der Civilprozeßordnug unter der Mitwirkung des Rechtsanwalts ein Vergleich geschlossen, so erhält er die vollen Sätze des § 9.

§ 38.

Im Mahnverfahren erhält der Rechtsanwalt von den Sätzen des § 9:

1. drei Zehntheile für die Erwirkung des Zahlungsbefehls, einschließlich der Mittheilung des Widerspruchs an den Auftraggeber;
2. zwei Zehntheile für die Erhebung des Widerspruchs;
3. zwei Zehntheile für die Erwirkung des Vollstreckungsbefehls.

Die Gebühr in Nr. 2 wird auf die in dem nachfolgenden Rechtsstreite zustehende Prozeßgebühr und die Gebühr in Nr. 3 auf die Gebühr für die nachfolgende Zwangsvollstreckung angerechnet.

§ 39.

Für die Vertretung im Vertheilungsverfahren (Civilprozeßordnung §§ 758 bis 763, 768) stehen dem Rechtsanwalte fünf und falls der Auftrag vor dem Termine zur Ausführung der Vertheilung erledigt wird, drei Zehntheile der Sätze des § 9 zu.

Der Werth des Streitgegenstandes wird durch den Betrag der Forderung und, wenn der zu vertheilende Geldbetrag geringer ist, durch diesen Betrag bestimmt.

§ 40.

Im Aufgebotsverfahren (Civilprozeßordnung §§ 823 bis 833, 836 bis 850) stehen dem Rechtsanwalte, als Vertreter des Antragstellers (Civilprozeßordnung § 824), drei Zehntheile der Sätze des § 9 zu:

1. für den Betrieb des Verfahrens, einschließlich der Information;
2. für den Antrag auf Erlaß des Aufgebots;
3. für die Wahrnehmung des Aufgebotstermins.

Als Vertreter einer anderen Person erhält der Rechtsanwalt diese Gebühr nur einmal.

§ 41.

Drei Zehntheile der in den §§ 13 bis 18 bestimmten Gebühren erhält der Rechtsanwalt:

1. in der Beschwerdeinstanz;

2. wenn seine Thätigkeit sich auf ein Verfahren beschränkt, welches die Aenderung einer Entscheidung des beauftragten oder ersuchten Richters oder des Gerichtsschreibers (Civilprozeßordnung § 539) betrifft.

In der Instanz der an eine Nothfrist nicht gebundenen Beschwerde steht dem Rechtsanwalte die Prozeßgebühr nicht zu, wenn ihm dieselbe oder eine der in den §§ 37 bis 40 bezeichneten Gebühren in der Instanz zustand, in welcher die angefochtene Entscheidung ergangen ist.

§ 42.

Der zum Prozeßbevollmächtigten bestellte Rechtsanwalt, welcher auf Verlangen der Partei die Vertretung in der mündlichen Verhandlung einem anderen Rechtsanwalt übertragen hat, erhält neben den ihm zustehenden Gebühren fünf Zehntheile der Verhandlungsgebühr. Diese Gebühr wird auf eine ihm zustehende Verhandlungsgebühr angerechnet.

§ 43.

Dem Rechtsanwalte, welchem von der Partei oder auf deren Verlangen von dem Prozeßbevollmächtigten nur die Vertretung in der mündlichen Verhandlung oder die Ausführung der Parteirechte in derselben übertragen ist, steht neben der Verhandlungsgebühr die Prozeßgebühr zu fünf Zehntheilen zu. Letztere Gebühr steht ihm auch dann zu, wenn der Auftrag vor der mündlichen Verhandlung erledigt wird. Erstreckt sich die Vertretung auf eine mit der mündlichen Verhandlung verbundene Beweisaufnahme (§ 13 Nr. 4), so erhält der Rechtsanwalt außerdem die Beweisgebühr.

§ 44.

Dem Rechtsanwalte, welcher lediglich den Verkehr der Partei mit dem Prozeßbevollmächtigten führt, steht eine Gebühr in Höhe der Prozeßgebühr zu. Er erhält nur fünf Zehntheile, wenn ihm in unterer Instanz die vorbezeichnete Gebühr oder die Prozeßgebühr zustand.

Die mit der Uebersendung der Akten an den Rechtsanwalt der höheren Instanz verbundenen gutachtlichen Aeußerungen dienen nicht zur Begründung dieser Gebühr, wenn nicht zu denselben Auftrag ertheilt war.

§ 45.

Der Rechtsanwalt, dessen Thätigkeit sich auf die Vertretung in einem nur zur Leistung des durch ein Urtheil auferlegten Eides oder nur zur Beweisaufnahme bestimmten Termine beschränkt, erhält neben der dem Prozeßbevollmächtigten im gleichen Falle zustehenden Beweisgebühr, eine Gebühr in Höhe von fünf Zehntheilen der Prozeßgebühr. Letztere Gebühr steht ihm auch dann zu, wenn der Auftrag vor dem Termin erledigt wird.

Die Wahrnehmung eines weiteren Termins zur Fortsetzung der Verhandlung begründet nicht eine Erhöhung der Gebühr.

§ 46.

Beschränkt sich die Thätigkeit des Rechtsanwalts auf die Anfertigung eines Schriftsatzes, so erhält er eine Gebühr in Höhe von fünf Zehntheilen der Prozeßgebühr.

§ 47.

Für einen ertheilten Rath erhält der nicht zum Prozeßbevollmächtigten bestellte Rechtsanwalt eine Gebühr in Höhe von drei Zehntheilen der Prozeßgebühr.

Eine Gebühr in Höhe von fünf Zehntheilen der Prozeßgebühr steht dem mit Einlegung der Berufung oder der Revision beauftragten Rechtsanwalte zu, wenn derselbe von der Einlegung abräth und der Auftraggeber seinen Auftrag zurücknimmt.

§ 48.

Der nicht zum Prozeßbevollmächtigten bestellte Rechtsanwalt erhält höchstens die für den Prozeßbevollmächtigten bestimmte Gebühr, falls die ihm aufgetragenen Handlungen in den Kreis derjenigen Thätigkeit fallen, für welche die dem Prozeßbevollmächtigten zustehende Gebühr bestimmt ist.

§ 49.

Wird ein Rechtsanwalt, nachdem er in einer Rechtssache thätig gewesen, zum Prozeßbevollmächtigten bestellt, so erhält er für die ihm vorher aufgetragenen Handlungen, soweit für dieselben die dem Prozeßbevollmächtigten zustehende Gebühr bestimmt ist, und als Prozeßbevollmächtigter zusammen nicht mehr an Gebühren, als ihm zustehen würde, wenn er vorher zum Prozeßbevollmächtigten bestellt worden wäre.

§ 50.

Wird der einem Rechtsanwalt ertheilte Auftrag vor Beendigung der Instanz aufgehoben, so stehen dem Rechtsanwalte die Gebühren in gleicher Weise zu, als wenn die Instanz zur Zeit der Aufhebung des Auftrags durch Zurücknahme der gestellten Anträge erledigt wäre, unbeschadet der aus einem Verschulden sich ergebenden civilrechtlichen Folgen.

§ 51.

Bei Vertretung mehrerer Streitgenossen, einschließlich der Nebenintervenienten, stehen dem Rechtsanwalte die Gebühren nur einmal zu. Bei nachträglichem Beitritte von Streitgenossen erhöht sich durch jeden Beitritt die Prozeßgebühr um zwei Zehntheile. Die Erhöhung wird nach dem Betrage berechnet, bei welchem die Vollmachtgeber gemeinschaftlich betheiligt sind; mehrere Erhöhungen dürfen den einfachen Betrag der Prozeßgebühr nicht übersteigen.

§ 52.

Für die bei dem Reichsgerichte zugelassenen Rechtsanwälte erhöhen sich die Gebührensätze in der Revisionsinstanz um drei Zehntheile.

Dritter Abschnitt.

Gebühren im Konkursverfahren.

§ 53.

Auf die Gebühren im Konkursverfahren finden die Vorschriften der §§ 9, 11, 12 entsprechende Anwendung.

§ 54.

Im Verfahren über einen Antrag auf Eröffnung des Konkursverfahrens (Konkursordnung §§ 96 bis 98) erhält der Rechtsanwalt zwei Zehntheile, oder wenn er einen Gläubiger vertritt, fünf Zehntheile der Sätze des § 9.

§ 55.

Für die Vertretung im Konkursverfahren erhält der Rechtsanwalt sechs Zehntheile, wenn jedoch die Vertretung vor dem allgemeinen Prüfungstermine (Konkursordnung § 126) sich erledigt oder erst nach demselben beginnt, vier Zehntheile der Sätze des § 9.

§ 56.

Der Rechtsanwalt erhält die Sätze des § 9 besonders:

1. für die Thätigkeit bei Prüfung der Forderungen;
2. für die Thätigkeit in dem Zwangsvergleichsverfahren;
3. für die Thätigkeit in dem Vertheilungsverfahren.

§ 57.

Beschränkt sich die Thätigkeit des Rechtsanwalts auf die Anmeldung einer Konkursforderung, so erhält derselbe zwei Zehntheile der Sätze des § 9.

§ 58.

Für die Vertretung:

1. in der Beschwerdeinstanz,
2. in dem Verfahren über Anträge auf Anordnung von Sicherheitsmaßregeln im Falle des § 183 Absatz 2 der Konkursordnung

erhält der Rechtsanwalt besonders die im zweiten Abschnitt (§§ 23, 41) bestimmten Gebühren.

§ 59.

Die Gebühren der §§ 54 bis 56 sowie des § 58 im Falle der Beschwerde gegen den Beschluß über Eröffnung des Konkursverfahrens (Konkursordnung § 101) oder den Beschluß über Bestätigung eines Zwangsvergleichs (Konkursordnung § 174) werden, wenn der Auftrag von dem Gemeinschuldner ertheilt ist, nach dem Betrage der Aktivmasse (Gerichtskostengesetz § 52) berechnet.

Ist der Auftrag von einem Konkursgläubiger ertheilt, so werden die Gebühren der §§ 54, 55, 57 und die Gebühr im Falle der Beschwerde gegen den Beschluß über Eröffnung des Konkursverfahrens nach dem Nennwerthe der Forderung, die Gebühren des § 56 und die Gebühr im Falle der Beschwerde gegen den Beschluß über die Bestätigung eines Zwangsvergleichs nach dem Werthe der Forderung des Gläubigers unter entsprechender Anwendung des § 136 der Konkursordnung berechnet.

§ 60.

In einem wieder aufgenommenen Konkursverfahren erhält der Rechtsanwalt die Gebühren nach den Bestimmungen der §§ 55 bis 59 besonders.

§ 61.

Insoweit dem Rechtsanwalte Gebühren für die Vornahme einzelner Handlungen im Konkursverfahren zustehen, darf der Gesammtbetrag derselben die im § 55 bestimmte Gebühr nicht übersteigen.

Wird der Rechtsanwalt, nachdem er einzelne Handlungen im Konkursverfahren vorgenommen hat, mit der Vertretung im Konkursverfahren beauftragt, so erhält er zusammen nicht mehr an Gebühren, als ihm zustehen würde, wenn er vorher mit der Vertretung im Konkursverfahren beauftragt worden wäre.

§ 62.

Die Gebühren werden für jeden Auftrag gesondert, ohne Rücksicht auf andere Aufträge, berechnet.

Vierter Abschnitt.

Gebühren in Strafsachen.

§ 63.

In Strafsachen erhält der Rechtsanwalt als Vertheidiger in der Hauptverhandlung erster Instanz:

1. vor dem Schöffengerichte . . . . 12 Mark;
2. vor der Strafkammer . . . . 20 Mark;
3. vor dem Schwurgericht oder dem Reichsgerichte . . . . . 40 Mark.

§ 64.

Erstreckt sich die Verhandlung auf mehrere Tage, so erhöhen sich die im § 63 bestimmten Gebühren für jeden weiteren Tag der Vertheidigung um fünf Zehntheile.

Im Verfahren auf erhobene Privatklage findet diese Bestimmung nicht Anwendung.

§ 65.

Findet in den auf Privatklage verhandelten Sachen eine Beweisaufnahme statt, so erhöht sich die im § 63 bestimmte Gebühr um 6 Mark.

§ 66.

In der Berufungsinstanz sowie in der Revisionsinstanz stehen dem Rechtsanwalte die in den §§ 63 bis 65 bestimmten Sätze zu. Die Stufe bestimmt sich nach der Ordnung des Gerichts, welches in erster Instanz erkannt hat.

§ 67.

Für die Vertheidigung im Vorverfahren erhält der Rechtsanwalt:

1. in den zur Zuständigkeit der Schöffengerichte gehörigen Sachen 6 Mark;
2. in den zur Zuständigkeit der Strafkammer gehörigen Sachen 10 Mark;
3. in den zur Zuständigkeit der Schwurgerichte oder des Reichsgerichts gehörigen Sachen . . . . 20 Mark.

§ 68.

Fünf Zehntheile der im § 63 bestimmten Sätze stehen dem Rechtsanwalte zu für Anfertigung:

1. einer Schrift zur Rechtfertigung einer Berufung;
2. einer Schrift zur Begründung einer Revision;
3. eines Antrags auf Wiederaufnahme des Verfahrens;
4. eines Gnadengesuchs.

Die Stufe bestimmt sich nach der Ordnung des Gerichts, welches in erster Instanz erkannt hat.

§ 69.

Für Einlegung eines Rechtsmittels sowie für Anfertigung anderer, als der im § 68 bezeichneten, Anträge, Gesuche und Erklärungen erhält der Rechtsanwalt je 2 Mark.

§ 70.

Die in den §§ 63 bis 66 sowie die im § 67 bestimmten Gebühren umfassen die Anfertigung der zu derselben Instanz oder zu dem Vorverfahren gehörigen Anträge, Gesuche und Erklärungen, sowie die Einlegung von Rechtsmitteln gegen Entscheidungen oder Verfügungen derselben Instanz oder des Vorverfahrens.

§ 71.

Auf die Gebühr für Rechtfertigung der Berufung (§ 68 Nr. 1) und auf die Gebühr für Begründung der Revision (§ 68 Nr. 2) wird die Gebühr für Einlegung des Rechtsmittels (§ 69) angerechnet.

§ 72.

Im Falle der Vertheidigung mehrerer Beschuldigter durch einen gemeinschaftlichen Vertheidiger erhöhen sich die Gebühren um fünf Zehntheile.

§ 73.

In Ansehung der Gebühren für Vertretung eines Privatklägers, eines Nebenklägers oder einer Verwaltungsbehörde (Strafprozeßordnung § 464) kommen die Bestimmungen über die Gebühren für die Vertheidigung zur entsprechenden Anwendung.

Die Anfertigung einer Privatklage begründet für den Rechtsanwalt die im § 67 Nr. 1 bestimmte Gebühr.

§ 74.

Für Anfertigung eines Antrags auf gerichtliche Entscheidung im Falle des § 170 der Strafprozeßordnung erhält der Rechtsanwalt die im § 67 bestimmten Sätze.

§ 75.

Nach Maßgabe der Vorschriften des zweiten Abschnitts (§ 23) stehen dem Rechtsanwalte Gebühren besonders zu für die Vertretung:

1. in dem Verfahren behufs Festsetzung der zu erstattenden Kosten (Strafprozeßordnung § 496 Absatz 2);
2. in der Zwangsvollstreckung aus Entscheidungen, welche über eine Buße oder über Erstattung von Kosten ergangen sind (Strafprozeßordnung §§ 495, 496).

Fünfter Abschnitt.

Auslagen.

§ 76.

Für die Höhe der dem Rechtsanwalte zustehenden Schreibgebühren sind die Vorschriften des § 80 des Gerichtskostengesetzes maßgebend.

§ 77.

Für Verpackung von Briefen und Akten dürfen Auslagen nicht berechnet werden.

§ 78.

Bei Geschäftsreisen erhält der Rechtsanwalt, vorbehaltlich der Bestimmungen in den §§ 18, 37, 39 Absatz 2 der Rechtsanwaltsordnung:

I. an Tagegeldern . . . . 12 Mark;

II. für ein Nachtquartier . . . . 5 Mark;

III. an Fuhrkosten einschließlich der Kosten der Gepäckbeförderung

1. wenn die Reise auf Eisenbahnen oder Dampfschiffen gemacht werden kann, für das Kilometer . . . . . 13 Pf.
und für jeden Zu- und Abgang . . . . 3 Mark;

2. anderenfalls . . . . 60 Pf.
für das Kilometer der nächsten fahrbaren Straßenverbindung.

Haben höhere Fuhrkosten aufgewendet werden müssen, so werden diese erstattet.

§ 79.

Die Fuhrkosten werden für die Hin- und Rückreise besonders berechnet.

Hat ein Rechtsanwalt Geschäfte an verschiedenen Orten unmittelbar nach einander ausgerichtet, so ist der von Ort zu Ort zurückgelegte Weg ungetheilt der Berechnung der Fuhrkosten zu Grunde zu legen.

Bei einer Reise zur Ausführung der Aufträge mehrerer Auftraggeber findet die Vorschrift des § 3 entsprechende Anwendung.

§ 80.

Für Geschäfte am Wohnorte stehen dem Rechtsanwalte weder Tagegelder noch Fuhrkosten zu; dasselbe gilt von Geschäften außerhalb des Wohnortes in geringerer Entfernung als zwei Kilometer von demselben.

War der Rechtsanwalt durch außergewöhnliche Umstände genöthigt, sich eines Fuhrwerks zu bedienen, oder waren sonstige nothwendige Unkosten, wie Brücken- oder Fährgeld, aufzuwenden, so sind die Auslagen zu erstatten.

Für einzelne Ortschaften kann durch die Landesjustizverwaltung bestimmt werden, daß den Rechtsanwälten bei den nicht an der Gerichtsstelle vorzunehmenden Geschäften die verauslagten Fuhrkosten zu erstatten sind.

§ 81.

Bei Berechnung der Entfernungen wird jedes angefangene Kilometer für ein volles Kilometer gerechnet.

§ 82.

Der Rechtsanwalt, welcher seinen Wohnsitz verlegt, kann bei Fortführung eines ihm vorher ertheilten Auftrags Tagegelder und Reisekosten nur insoweit verlangen, als sie ihm auch bei Beibehaltung seines Wohnsitzes zugestanden haben würden.

§ 83.

Hat ein Rechtsanwalt seinen Wohnsitz an einem Orte, an welchem sich kein Gericht befindet, so kann die Landesjustizverwaltung bestimmen, daß ihm Tagegelder und Reisekosten nur insoweit zustehen, als er solche auch verlangen könnte, wenn er seinen Wohnsitz an dem Orte des Amtsgerichts, in dessen Bezirk er wohnt, genommen hätte.

Sechster Abschnitt.

Einforderung von Gebühren und Auslagen.

§ 84.

Der Rechtsanwalt kann von seinem Auftraggeber angemessenen Vorschuß fordern.

§ 85.

Dem Auftraggeber gegenüber werden die Gebühren des Rechtsanwalts fällig, sobald über die Verpflichtung, dieselben zu tragen, eine Entscheidung ergangen ist, sowie bei Beendigung der Instanz oder bei Erledigung des Auftrags.

§ 86.

Die Einforderung der Gebühren und Auslagen ist nur zulässig, wenn vorher oder gleichzeitig eine von dem Rechtsanwalt unterschriebene Berechnung derselben mit Angabe dee Werthes des Streitgegenstandes, sofern der Werth maßgebend, und unter Bezeichnung der zur Anwendung kommenden Bestimmungen dieses Gesetzes mitgetheilt wird.

Die Mittheilung dieser Berechnung kann auch nach erfolgter Zahlung verlangt werden, so lange nicht die Handakten zurückgenommen sind oder die Verpflichtung des Rechtsanwalts zur Aufbewahrung derselben erloschen ist (Rechtsanwaltsordnung § 32).

Siebenter Abschnitt.

Schlußbestimmungen.

§ 87.

Für Erhebung und Ablieferung von Geldern erhält der Rechtsanwalt eine Gebühr:

von 1 Mark für jedes angefangene Hundert des Betrags bis 1000 Mark;

von 50 Pfennig für jedes angefangene Hundert des weiteren Betrags bis 10 000 Mark;

von 25 Pfennig für jedes angefangene Hundert des Mehrbetrags.

Für Erhebung und Ablieferung von Werthpapieren erhält der Rechtsanwalt nach Maßgabe des Werthes die Hälfte der vorstehenden Gebühren.

Die Gebühr für Erhebung und Ablieferung von Geldern kann von diesen bei der Ablieferung entnommen werden.

§ 88.

Für die Ausarbeitung eines Gutachtens mit juristischer Begründung hat der Rechtsanwalt angemessene Vergütung zu beanspruchen. Ueber die Höhe der Vergütung wird im Prozeßwege nach eingeholtem Gutachten des Vorstandes der Anwaltskammer entschieden.

§ 89.

Ist für das dem Rechtsanwalt übertragene Geschäft der Betrag der Gebühr in diesem Gesetz nicht bestimmt, so erhält er eine unter entsprechender Anwendung der Bestimmungen dieses Gesetzes zu bemessende Gebühr.

§ 90.

Insofern in diesem Gesetze für die begonnene oder vorbereitete Ausführung eines vor der vollständigen Ausführung erledigten Auftrags eine Gebühr nicht vorgesehen ist, erhält der Rechtsanwalt eine nach Maßgabe des § 89 zu bemessende Gebühr.

§ 91.

Die Vorschriften dieses Gesetzes finden entsprechende Anwendung:

1. im schiedsrichterlichen Verfahren;
2. im Verfahren wegen Nichtigkeitserklärung oder Zurücknahme eines Patents;
3. im Disziplinarverfahren nach Maßgabe des Gesetzes, betreffend die Rechtsverhältnisse der Reichsbeamten, vom 31. März 1873 (Reichsgesetzbl. S. 61);
4. im ehrengerichtlichen Verfahren gegen Rechtsanwälte;
5. bei der Untersuchung von Seeunfällen.

Für die Berechnung der Gebühren des im schiedsrichterlichen Verfahren als Prozeßbevollmächtigten bestellten Rechtsanwalts gilt das gerichtliche Verfahren im Falle des § 862 der Civilprozeßordnung als zum schiedsrichterlichen Verfahren gehörig.

Das Verfahren vor der Disziplinarkammer, vor dem Ehrengericht und vor dem Seeamte steht im Sinne des § 63 dem Verfahren vor der Strafkammer gleich.

§ 92.

Fällt eine dem Rechtsanwalt aufgetragene Thätigkeit, für welche ihm nach Vorschrift dieses Gesetzes eine Vergütung zusteht, zugleich in den Kreis derjenigen Angelegenheiten, in welchen die den Rechtsanwälten zustehende Vergütung durch landesgesetzliche Vorschrift geregelt ist, so kommt, soweit die Anwendung beider Vorschriften zu einer zweifachen Vergütung derselben Thätigkeit führen würde, nur eine derselben und zwar die dem Rechtsanwalte günstigere zur Anwendung.

§ 93.

Sofern der Rechtsanwalt nicht einer Partei zur Wahrnehmung ihrer Rechte beigeordnet oder als Vertheidiger bestellt ist, kann der Betrag der Vergütung durch Vertrag abweichend von den Vorschriften dieses Gesetzes festgesetzt werden. Die Festsetzung durch Bezugnahme auf das Ermessen eines Dritten ist ausgeschlossen.

Der Auftraggeber ist an den Vertrag nur gebunden, soweit er denselben schriftlich abgeschlossen hat.

Der Auftraggeber kann eine Berechnung der gesetzlichen Vergütung nach Maßgabe des § 86 verlangen.

Hat der Rechtsanwalt durch den Vertragsschluß die Grenze der Mäßigung überschritten, so kann die durch Vertrag festgesetzte Vergütung im Prozeßwege, nach eingeholtem Gutachten des Vorstandes der Anwaltskammer, bis auf den in diesem Gesetze bestimmten Betrag herabgesetzt werden.

§ 94.

Für das Verhältniß des Auftraggebers oder des Rechtsanwalts zu dem Erstattungspflichtigen kommt die vertragsmäßige Festsetzung der Vergütung (§ 93) nicht in Betrag.

§ 95.

Dieses Gesetz tritt im ganzen Umfange des Reichs gleichzeitig mit dem Gerichtsverfassungsgesetz in Kraft.

Tabelle A.,

für bürgerliche Rechtsstreitigkeiten, Patentstreitsachen und für Konkurse.

Werthsklasse	bei einem Werthe des Gegenstandes	1 Normal-Gebührensatz M.	2 2/10 M.	3 3/10 M.	4 4/10 M.	5 5/10 M.	6 6/10 M.	7 1 1/4 M.	8 1 1/2 M.	9 2fach M.	10 3fach M.
1	bis 20 M. einschl.	2	1	1	1	1	1,20	2,50	3	4	6
2	von mehr als 20 bis 60 M. einschl.	3	1	1	1,20	1,50	1,80	3,75	4,50	6	9
3	„ „ „ 60 bis 120 „ „	4	1	1,20	1,60	2	2,40	5	6	8	12
4	„ „ „ 120 bis 200 „ „	7	1,40	2,10	2,80	3,50	4,20	8,75	10,50	14	21
5	„ „ „ 200 bis 300 „ „	10	2	3	4	5	6	12,50	15	20	30
6	„ „ „ 300 bis 450 „ „	14	2,80	4,20	5,60	7	8,40	17,50	21	28	42
7	„ „ „ 450 bis 650 „ „	19	3,80	5,70	7,60	9,50	11,40	23,75	28,50	38	57
8	„ „ „ 650 bis 900 „ „	24	4,80	7,20	9,60	12	14,40	30	36	48	72
9	„ „ „ 900 bis 1 200 „ „	28	5,60	8,40	11,20	14	16,80	35	42	56	84
10	„ „ „ 1 200 bis 1 600 „ „	32	6,40	9,60	12,80	16	19,20	40	48	64	96
11	„ „ „ 1 600 bis 2 100 „ „	36	7,20	10,80	14,40	18	21,60	45	54	72	108
12	„ „ „ 2 100 bis 2 700 „ „	40	8	12	16	20	24	50	60	80	120
13	„ „ „ 2 700 bis 3 400 „ „	44	8,80	13,20	17,60	22	26,40	55	66	88	132
14	„ „ „ 3 400 bis 4 300 „ „	48	9,60	14,40	19,20	24	28,80	60	72	96	144
15	„ „ „ 4 300 bis 5 400 „ „	52	10,40	15,60	20,80	26	31,20	65	78	104	156
16	„ „ „ 5 400 bis 6 700 „ „	56	11,20	16,80	22,40	28	33,60	70	84	112	168
17	„ „ „ 6 700 bis 8 200 „ „	60	12	18	24	30	36	75	90	120	180
18	„ „ „ 8 200 bis 10 000 „ „	64	12,80	19,20	25,60	32	38,40	80	96	128	192
19	„ „ „ 10 000 bis 12 000 „ „	68	13,60	20,40	27,20	34	40,80	85	102	136	204
20	„ „ „ 12 000 bis 14 000 „ „	72	14,40	21,60	28,80	36	43,20	90	108	144	216
21	„ „ „ 14 000 bis 16 000 „ „	76	15,20	22,80	30,40	38	45,60	95	114	152	228
22	„ „ „ 16 000 bis 18 000 „ „	80	16	24	32	40	48	100	120	160	240
23	„ „ „ 18 000 bis 20 000 „ „	84	16,80	25,20	33,60	42	50,40	105	126	168	252
24	„ „ „ 20 000 bis 22 000 „ „	88	17,60	26,40	35,20	44	52,80	110	132	176	264
25	„ „ „ 22 000 bis 24 000 „ „	92	18,40	27,60	36,80	46	55,20	115	138	184	276
26	„ „ „ 24 000 bis 26 000 „ „	96	19,20	28,80	38,40	48	57,60	120	144	192	288

27	von mehr als 26 000 bis 28 000 *M.* einschl.	100	20	30	40	50	60	125	150	200	300
28	„ „ „ 28 000 bis 30 000 „ „	104	20,80	31.20	41,60	52	62,40	130	156	208	312
29	„ „ „ 30 000 bis 32 000 „ „	108	21,60	32,40	43,20	54	64,80	135	162	216	324
30	„ „ „ 32 000 bis 34 000 „ „	112	22,40	33,60	44,80	56	67,20	140	168	224	336
31	„ „ „ 34 000 bis 36 000 „ „	116	23,20	34,80	46,40	58	69,60	145	174	232	348
32	„ „ „ 36 000 bis 38 000 „ „	120	24	36	48	60	72	150	180	240	360
33	„ „ „ 38 000 bis 40 000 „ „	124	24,80	37,20	49,60	62	74,40	155	186	248	372
34	„ „ „ 40 000 bis 42 000 „ „	128	25,60	38,40	51,20	64	76,80	160	192	256	384
35	„ „ „ 42 000 bis 44 000 „ „	132	26,40	39,60	52,80	66	79,20	165	198	264	396
36	„ „ „ 44 000 bis 46 000 „ „	136	27,20	40,80	54,40	68	81,60	170	204	272	408
37	„ „ „ 46 000 bis 48 000 „ „	140	28	42	56	70	84	175	210	280	420
38	„ „ „ 48 000 bis 50 000 „ „	144	28,80	43,20	57,60	72	86,40	180	216	288	432
39	„ „ „ 50 000 bis 52 000 „ „	147	29,40	44,10	58,80	73,50	88,20	183,75	220,50	294	441
40	„ „ „ 52 000 bis 54 000 „ „	150	30	45	60	75	90	187,50	225	300	450
41	„ „ „ 54 000 bis 56 000 „ „	153	30,60	45,90	61,20	76,50	91,80	191,25	229,50	306	459
42	„ „ „ 56 000 bis 58 000 „ „	156	31,20	46,80	62,40	78	93,60	195	234	312	468
43	„ „ „ 58 000 bis 60 000 „ „	159	31,80	47,70	63,60	79,50	95,40	198,75	238,50	318	477
	so fort von je 2 000 *M.* je	3	0,60	0,90	1,20	1,50	1,80	3,75	4,50	6	9
	also von										
48	68 000 bis 70 000 *M.*	174	34,80	52,20	69,60	87	104,40	217,50	261	348	522
53	78 000 bis 80 000 „	189	37,80	56,70	75,60	94,50	113,40	236,25	283,50	378	567
58	88 000 bis 90 000 „	204	40,80	61,20	81,60	102	122,40	255	306	408	612
63	98 000 bis 100 000 „	219	43,80	65,70	87,60	109,50	131,40	273,75	328,50	438	657
	sodann weiter von je 2 000 *M.* je	2	0,40	0,60	0,80	1	1,20	2,50	3	4	6
	also von										
88	148 000 bis 150 000 *M.*	269	53,80	80,70	107,60	134,50	161,40	336,25	403,50	538	807
113	198 000 bis 200 000 „	319	63,80	95,70	127,60	159,50	191,40	398,75	478,50	638	957
163	298 000 bis 300 000 „	419	83,80	125,70	167,60	209,50	251,40	523,75	628,50	838	1257
213	398 000 bis 400 000 „	519	103,80	155,70	207,60	259,50	311,40	648,75	778,50	1038	1557
263	498 000 bis 500 000 „	619	123,80	185,70	247,60	309,50	371,40	773,75	928,50	1238	1857

Tabelle B.,

für Urkunden- und Wechselprozesse.

Werths-klasse	bei einem Werthe des Gegenstandes	1 Einfache Gebühr M.	2 5/10 M.	3 1¼ M.	4 1½ M.	5 2fach M.	6 3fach M.
1	bis 20 M. einschl.	1,20	1	1,50	1,80	2,40	3,60
2	von mehr als 20 bis 60 M. einschl.	1,80	1	2,25	2,70	3,60	5,40
3	" " " 60 bis 120 " "	2,40	1,20	3	3,60	4,80	7,20
4	" " " 120 bis 200 " "	4,20	2,10	5,25	6,30	8,40	12,60
5	" " " 200 bis 300 " "	6	3	7,50	9	12	18
6	" " " 300 bis 450 " "	8,40	4,20	10,50	12,60	16,80	25,20
7	" " " 450 bis 650 " "	11,40	5,70	14,25	17,10	22,80	34,20
8	" " " 650 bis 900 " "	14,40	7,20	18	21,60	28,80	43,20
9	" " " 900 bis 1 200 " "	16,80	8,40	21	25,20	33,60	50,40
10	" " " 1 200 bis 1 600 " "	19,20	9,60	24	28,80	38,40	57,60
11	" " " 1 600 bis 2 100 " "	21,60	10,80	27	32,40	43,20	64,80
12	" " " 2 100 bis 2 700 " "	24	12	30	36	48	72
13	" " " 2 700 bis 3 400 " "	26,40	13,20	33	39,60	52,80	79,20
14	" " " 3 400 bis 4 300 " "	28,80	14,40	36	43,20	57,60	86,40
15	" " " 4 300 bis 5 400 " "	31,20	15,60	39	46,80	62,40	93,60
16	" " " 5 400 bis 6 700 " "	33,60	16,80	42	50,40	67,20	100,80
17	" " " 6 700 bis 8 200 " "	36	18	45	54	72	108
18	" " " 8 200 bis 10 000 " "	38,40	19,20	48	57,60	76,80	115,20
19	" " " 10 000 bis 12 000 " "	40,80	20,40	51	61,20	81,60	122,40
20	" " " 12 000 bis 14 000 " "	43,20	21,60	54	64,80	86,40	129,60
21	" " " 14 000 bis 16 000 " "	45,60	22,80	57	68,40	91,20	136,80
22	" " " 16 000 bis 18 000 " "	48	24	60	72	96	144
23	" " " 18 000 bis 20 000 " "	50,40	25,20	63	75,60	100,80	151,20
24	" " " 20 000 bis 22 000 " "	52,80	26,40	66	79,20	105,60	158,40
25	" " " 22 000 bis 24 000 " "	55,20	27,60	69	82,80	110,40	165,60
26	" " " 24 000 bis 26 000 " "	57,60	28,80	72	86,40	115,20	172,80

27	von mehr als 26 000 bis 28 000 *M.* einschl.	60	30	75	90	120	180
28	„ „ „ 28 000 bis 30 000 „ „	62,40	31,20	78	93,60	124,80	187,20
29	„ „ „ 30 000 bis 32 000 „ „	64,80	32,40	81	97,20	129,60	194,40
30	„ „ „ 32 000 bis 34 000 „ „	67,20	33,60	84	100,80	134,40	201,60
31	„ „ „ 34 000 bis 36 000 „ „	69,60	34,80	87	104,40	139,20	208,80
32	„ „ „ 36 000 bis 38 000 „ „	72	36	90	108	144	216
33	„ „ „ 38 000 bis 40 000 „ „	74,40	37,20	93	111,60	148,80	223,20
34	„ „ „ 40 000 bis 42 000 „ „	76,80	38,40	96	115,20	153,60	230,40
35	„ „ „ 42 000 bis 44 000 „ „	79,20	39,60	99	118,80	158,40	237,60
36	„ „ „ 44 000 bis 46 000 „ „	81,60	40,80	102	122,40	163,20	244,80
37	„ „ „ 46 000 bis 48 000 „ „	84	42	105	126	168	252
38	„ „ „ 48 000 bis 50 000 „ „	86,40	43,20	108	129,60	172,80	259,20
39	„ „ „ 50 000 bis 52 000 „ „	88,20	44,10	110,25	132,30	176,40	264,60
40	„ „ „ 52 000 bis 54 000 „ „	90	45	112,50	135	180	270
41	„ „ „ 54 000 bis 56 000 „ „	91,80	45,90	114,75	137,70	183,60	275,40
42	„ „ „ 56 000 bis 58 000 „ „	93,60	46,80	117	140,40	187,20	280,80
43	„ „ „ 58 000 bis 60 000 „ „	95,40	47,70	119,25	143,10	190,80	286,20
	und so weiter von je 2 000 *M.* je	1,80	0,90	2,25	2,70	3,60	5,40
	also von						
48	68 000 bis 70 000 *M.*	104,40	52,20	130,50	156,60	208,80	313,20
53	78 000 bis 80 000 „	113,40	56,70	141,75	170,10	226,80	340,20
58	88 000 bis 90 000 „	122,40	61,20	153	183,60	244,80	367,20
63	98 000 bis 100 000 „	131,40	65,70	164,25	197,10	262,80	394,20
	sodann weiter von je 2 000 *M.* je	1,20	0,60	1,50	1,80	2,40	3,60
	also von						
88	148 000 bis 150 000 *M.*	161,40	80,70	201,75	242,10	322,80	484,20
113	198 000 bis 200 000 „	191,40	95,70	239,25	287,10	382,80	574,20
163	298 000 bis 300 000 „	251,40	125,70	314,25	377,10	502,80	754,20
213	398 000 bis 400 000 „	311,40	155,70	389,25	467,10	622,80	934,20
263	498 000 bis 500 000 „	371,40	185,70	464,25	557,10	742,80	1 114,20

Tabelle C.,

erhöhte Sätze der Rechtsanwälte beim Reichsgericht für bürgerliche Rechtsstreitigkeiten in der Revisionsinstanz.

Werths-klasse	bei einem Werthe des Gegenstandes	1 Einfache Gebühr M.	2 2/10 M.	3 3/10 M.	4 4/10 M.	5 5/10 M.	6 6/10 M.	7 1 1/4 M.	8 1 1/2 M.	9 2 fach M.	10 3 fach M.
1	bis 20 M. einschl.	2,60	1	1	1,04	1,30	1,56	3,25	3,90	5,20	7,80
2	von mehr als 20 bis 60 M. einschl.	3,90	1	1,17	1,56	1,95	2,34	4,87	5,85	7,80	11,70
3	" " " 60 bis 120 " "	5,20	1,04	1,56	2,08	2,60	3,12	6,50	7,80	10,40	15,60
4	" " " 120 bis 200 " "	9,10	1,82	2,73	3,64	4,55	5,46	11,37	13,65	18,20	27,30
5	" " " 200 bis 300 " "	13	2,60	3,90	5,20	6,50	7,80	16,25	19,50	26	39
6	" " " 300 bis 450 " "	18,20	3,64	5,46	7,28	9,10	10,92	22,75	27,30	36,40	54,60
7	" " " 450 bis 650 " "	24,70	4,94	7,41	9,88	12,35	14,82	30,87	37,05	49,40	74,10
8	" " " 650 bis 900 " "	31,20	6,24	9,36	12,48	15,60	18,72	39	46,80	62,40	93,60
9	" " " 900 bis 1 200 " "	36,40	7,28	10,92	14,56	18,20	21,84	45,50	54,60	72,80	109,20
10	" " " 1 200 bis 1 600 " "	41,60	8,32	12,48	16,64	20,80	24,96	52	62,40	83,20	124,80
11	" " " 1 600 bis 2 100 " "	46,80	9,36	14,04	18,72	23,40	28,08	58,50	70,20	93,60	140,40
12	" " " 2 100 bis 2 700 " "	52	10,40	15,60	20,80	26	31,20	65	78	104	156
13	" " " 2 700 bis 3 400 " "	57,20	11,44	17,16	22,88	28,60	34,32	71,50	85,80	114,40	171,60
14	" " " 3 400 bis 4 300 " "	62,40	12,48	18,72	24,96	31,20	37,44	78	93,60	124,80	187,20
15	" " " 4 300 bis 5 400 " "	67,60	13,52	20,28	27,04	33,80	40,56	84,50	101,40	135,20	202,80
16	" " " 5 400 bis 6 700 " "	72,80	14,56	21,84	29,12	36,40	43,68	91	109,20	145,60	218,40
17	" " " 6 700 bis 8 200 " "	78	15,60	23,40	31,20	39	46,80	97,50	117	156	234
18	" " " 8 200 bis 10 000 " "	83,20	16,64	24,96	33,28	41,60	49,92	104	124,80	166,40	249,60
19	" " " 10 000 bis 12 000 " "	88,40	17,68	26,52	35,36	44,20	53,04	110,50	132,60	176,80	265,20
20	" " " 12 000 bis 14 000 " "	93,60	18,72	28,08	37,44	46,80	56,16	117	140,40	187,20	280,80
21	" " " 14 000 bis 16 000 " "	98,80	19,76	29,64	39,52	49,40	59,28	123,50	148,20	197,60	296,40
22	" " " 16 000 bis 18 000 " "	104	20,80	31,20	41,60	52	62,40	130	156	208	312
23	" " " 18 000 bis 20 000 " "	109,20	21,84	32,76	43,68	54,60	65,52	136,50	163,80	218,40	327,60
24	" " " 20 000 bis 22 000 " "	114,40	22,88	34,32	45,76	57,20	68,64	143	171,60	228,80	343,20
25	" " " 22 000 bis 24 000 " "	119,60	23,92	35,88	47,84	59,80	71,76	149,50	179,40	239,20	358,80
26	" " " 24 000 bis 26 000 " "	124,80	24,96	37,44	49,92	62,40	74,88	156	187,20	249,60	374,40

27	von mehr als 26 000 bis 28 000 M. einschl.	130	26	39	52	65	78	162,50	195	260	390
28	„ „ „ 28 000 bis 30 000 „ „	135,20	27,04	40,56	54,08	67,60	81,12	169	202,80	270,40	405,60
29	„ „ „ 30 000 bis 32 000 „ „	140,40	28,08	42,12	56,16	70,20	84,24	175,50	210,60	280,80	421,20
30	„ „ „ 32 000 bis 34 000 „ „	145,60	29,12	43,68	58,24	72,80	87,36	182	218,40	291,20	436,80
31	„ „ „ 34 000 bis 36 000 „ „	150,80	30,16	45,24	60,32	75,40	90,48	188,50	226,20	301,60	452,40
32	„ „ „ 36 000 bis 38 000 „ „	156	31,20	46,80	62,40	78	93,60	195	234	312	468
33	„ „ „ 38 000 bis 40 000 „ „	161,20	32,24	48,36	64,48	80,60	96,72	201,50	241,80	322,40	483,60
34	„ „ „ 40 000 bis 42 000 „ „	166,40	33,28	49,92	66,56	83,20	99,84	208	249,60	332,80	499,20
35	„ „ „ 42 000 bis 44 000 „ „	171,60	34,32	51,48	68,64	85,80	102,96	214,50	257,40	343,20	514,80
36	„ „ „ 44 000 bis 46 000 „ „	176,80	35,36	53,04	70,72	88,40	106,08	221	265,20	353,60	530,40
37	„ „ „ 46 000 bis 48 000 „ „	182	36,40	54,60	72,80	91	109,20	227,50	273	364	546
38	„ „ „ 48 000 bis 50 000 „ „	187,20	37,44	56,16	74,88	93,60	112,32	234	280,80	374,40	561,60
39	„ „ „ 50 000 bis 52 000 „ „	191,10	38,22	57,33	76,44	95,55	114,66	238,87	286,65	382,20	573,30
40	„ „ „ 52 000 bis 54 000 „ „	195	39	58,50	78	97,50	117	243,75	292,50	390	585
41	„ „ „ 54 000 bis 56 000 „ „	198,90	39,78	59,67	79,56	99,45	119,24	248,62	298,35	397,80	596,70
42	„ „ „ 56 000 bis 58 000 „ „	202,80	40,56	60,84	81,12	101,40	121,68	253,50	304,20	405,60	608,40
43	„ „ „ 58 000 bis 60 000 „ „	206,70	41,34	62,01	82,68	103,35	124,02	258,37	310,05	413,40	620,10
	und so fort von 2 000 M. je	3,90	0,78	1,17	1,56	1,95	2,34	4,875	5,85	7,80	11,70
48	also von 68 000 bis 70 000 M.	226,20	45,24	67,86	90,48	113,10	135,72	282,75	339,30	452,40	678,60
53	78 000 bis 80 000 „	245,70	49,14	73,71	98,28	122,85	147,42	307,12	368,55	491,40	737,10
58	88 000 bis 90 000 „	265,20	53,04	79,56	106,08	132,60	159,12	331,50	397,80	530,40	795,60
63	98 000 bis 100 000 „	284,70	56,94	85,41	113,88	142,35	170,82	355,87	427,05	569,40	854,10
	sodann weiter von je 2 000 M. je	2,60	0,52	0,78	1,04	1,30	1,56	3,25	3,90	5,20	7,80
88	also von 148 000 bis 150 000 M.	349,70	69,94	104,91	139,88	174,85	209,82	437,12	524,55	699,40	1049,10
113	198 000 bis 200 000 „	414,70	82,94	124,41	165,88	207,35	248,82	518,37	622,05	829,40	1244,10
163	298 000 bis 300 000 „	544,70	108,94	163,41	217,88	272,35	326,82	680,87	817,05	1089,40	1634,10
213	398 000 bis 400 000 „	674,70	134,94	202,41	269,88	337,35	404,82	843,37	1012,05	1349,40	2024,10
263	498 000 bis 500 000 „	804,70	160,94	241,41	321,88	402,35	482,82	1005,87	1207,05	1609,40	2414,10

Tabelle D.,

erhöhte Sätze der Rechtsanwälte beim Reichsgericht für Urkunden- und Wechselprozesse in der Revisionsinstanz.

Werths-klasse	bei einem Werthe des Gegenstandes	1 Einfache Gebühr ℳ.	2 5/10 ℳ.	3 1 1/4 ℳ.	4 1 1/2 ℳ.	5 2 fach ℳ.	6 3 fach ℳ.
1	bis 20 ℳ. einschl.	1,56	1	1,95	2,34	3,12	4,68
2	von mehr als 20 bis 60 ℳ. einschl.	2,34	1,17	2,92	3,51	4,68	7,02
3	" " " 60 bis 120 " "	3,12	1,56	3,90	4,68	6,24	9,36
4	" " " 120 bis 200 " "	5,46	2,73	6,82	8,19	10,92	16,38
5	" " " 200 bis 300 " "	7,80	3,90	9,75	11,70	15,60	23,40
6	" " " 300 bis 450 " "	10,92	5,46	13,65	16,38	21,84	32,76
7	" " " 450 bis 650 " "	14,82	7,41	18,52	22,23	29,64	44,46
8	" " " 650 bis 900 " "	18,72	9,36	23,40	28,08	37,44	56,16
9	" " " 900 bis 1 200 " "	21,84	10,92	27,30	32,76	43,68	65,52
10	" " " 1 200 bis 1 600 " "	24,96	12,48	31,20	37,44	49,92	74,88
11	" " " 1 600 bis 2 100 " "	28,08	14,04	35,10	42,12	56,16	84,24
12	" " " 2 100 bis 2 700 " "	31,20	15,60	39	46,80	62,40	93,60
13	" " " 2 700 bis 3 400 " "	34,32	17,16	42,90	51,48	68,64	102,96
14	" " " 3 400 bis 4 300 " "	37,44	18,72	46,80	56,16	74,88	112,32
15	" " " 4 300 bis 5 400 " "	40,56	20,28	50,70	60,84	81,12	121,68
16	" " " 5 400 bis 6 700 " "	43,68	21,84	54,60	65,52	87,36	131,04
17	" " " 6 700 bis 8 200 " "	46,80	23,40	58,50	70,20	93,60	140,40
18	" " " 8 200 bis 10 000 " "	49,92	24,96	62,40	74,88	99,84	149,76
19	" " " 10 000 bis 12 000 " "	53,04	26,52	66,30	79,56	106,08	159,12
20	" " " 12 000 bis 14 000 " "	56,16	28,08	70,20	84,24	112,32	168,48
21	" " " 14 000 bis 16 000 " "	59,28	29,64	74,10	88,92	118,56	177,84
22	" " " 16 000 bis 18 000 " "	62,40	31,20	78	93,60	124,80	187,20
23	" " " 18 000 bis 20 000 " "	65,52	32,76	81,90	98,28	131,04	196,56
24	" " " 20 000 bis 22 000 " "	68,64	34,32	85,80	102,96	137,28	205,92
25	" " " 22 000 bis 24 000 " "	71,76	35,88	89,70	107,64	143,52	215,28
26	" " " 24 000 bis 26 000 " "	74,88	37,44	93,60	112,32	149,76	224,64

27	von mehr als 26 000 bis 28 000 *M.* einschl.	78	39	97,50	117	156	234
28	„ „ „ 28 000 bis 30 000 „ „	81,12	40,56	101,40	121,68	162,24	243,36
29	„ „ „ 30 000 bis 32 000 „ „	84,24	42,12	105,30	126,36	168,48	252,72
30	„ „ „ 32 000 bis 34 000 „ „	87,36	43,68	109,20	131,04	174,72	262,08
31	„ „ „ 34 000 bis 36 000 „ „	90,48	45,24	113,10	135,72	180,96	271,44
32	„ „ „ 36 000 bis 38 000 „ „	93,60	46,80	117	140,40	187,20	280,80
33	„ „ „ 38 000 bis 40 000 „ „	96,72	48,36	120,90	145,08	193,44	290,16
34	„ „ „ 40 000 bis 42 000 „ „	99,84	49,92	124,80	149,76	199,68	299,52
35	„ „ „ 42 000 bis 44 000 „ „	102,96	51,48	128,70	154,44	205,92	308,88
36	„ „ „ 44 000 bis 46 000 „ „	106,08	53,04	132,60	159,12	212,16	318,24
37	„ „ „ 46 000 bis 48 000 „ „	109,20	54,60	136,50	163,80	218,40	327,60
38	„ „ „ 48 000 bis 50 000 „ „	112,32	56,16	140,40	168,48	224,64	336,96
39	„ „ „ 50 000 bis 52 000 „ „	114,66	57,33	143,32	171,99	229,32	343,98
40	„ „ „ 52 000 bis 54 000 „ „	117	58,50	146,25	175,50	234	351
41	„ „ „ 54 000 bis 56 000 „ „	119,34	59,67	149,17	179,01	238,68	358,02
42	„ „ „ 56 000 bis 58 000 „ „	121,68	60,84	152,10	182,52	243,36	365,04
43	„ „ „ 58 000 bis 60 000 „ „	124,02	62,01	155,02	186,03	248,04	372,06
	und so fort von je 2 000 *M.* je	2,34	1,17	2,925	3,51	4,68	7,02
	also von						
48	68 000 bis 70 000 *M.*	135,72	67,86	169,65	203,58	271,44	407,16
53	78 000 bis 80 000 „	147,42	73,71	184,27	221,13	294,84	442,26
58	88 000 bis 90 000 „	159,12	79,56	198,90	238,68	318,24	477,36
63	98 000 bis 100 000 „	170,82	85,41	213,52	256,23	341,64	512,46
	sodann weiter von je 2 000 *M.* je	1,56	0,78	1,95	2,34	3,12	4,68
	also von						
83	148 000 bis 150 000 *M.*	209,82	104,91	262,27	314,73	419,64	629,46
113	198 000 bis 200 000 „	248,82	124,41	311,02	373,23	497,64	746,46
163	298 000 bis 300 000 „	326,82	163,41	408,52	490,23	653,64	980,46
213	398 000 bis 400 000 „	404,82	202,41	506,02	607,23	809,64	1 214,46
263	498 000 bis 500 000 „	482,82	241,41	603,52	724,23	965,64	1 448,46

Tabelle E.,

Gebühren für Erhebung und Ablieferung: a) von Geldern, b) von Werthpapieren.

bei einem Gegenstande	a. ℳ.	b. ℳ.	bei einem Gegenstande	a. ℳ.	b. ℳ.
bis 100 ℳ. einschl.	1	0,50*	von mehr als 2 900 bis 3 000 ℳ. einschl.	20	10
von mehr als 100 bis 200 ℳ. einschl.	2	1	„ „ „ 3 000 bis 3 100 „ „	20,50	10,25
„ „ „ 200 bis 300 „ „	3	1,50	„ „ „ 3 100 bis 3 200 „ „	21	10,50
„ „ „ 300 bis 400 „ „	4	2	„ „ „ 3 200 bis 3 300 „ „	21,50	10,75
„ „ „ 400 bis 500 „ „	5	2,50	„ „ „ 3 300 bis 3 400 „ „	22	11
„ „ „ 500 bis 600 „ „	6	3	„ „ „ 3 400 bis 3 500 „ „	22,50	11,25
„ „ „ 600 bis 700 „ „	7	3,50	„ „ „ 3 500 bis 3 600 „ „	23	11,50
„ „ „ 700 bis 800 „ „	8	4	„ „ „ 3 600 bis 3 700 „ „	23,50	11,75
„ „ „ 800 bis 900 „ „	9	4,50	„ „ „ 3 700 bis 3 800 „ „	24	12
„ „ „ 900 bis 1 000 „ „	10	5	„ „ „ 3 800 bis 3 900 „ „	24,50	12,25
„ „ „ 1 000 bis 1 100 „ „	10,50	5,25	„ „ „ 3 900 bis 4 000 „ „	25	12,50
„ „ „ 1 100 bis 1 200 „ „	11	5,50	„ „ „ 4 000 bis 4 100 „ „	25,50	12,75
„ „ „ 1 200 bis 1 300 „ „	11,50	5,75	„ „ „ 4 100 bis 4 200 „ „	26	13
„ „ „ 1 300 bis 1 400 „ „	12	6	„ „ „ 4 200 bis 4 300 „ „	26,50	13,25
„ „ „ 1 400 bis 1 500 „ „	12,50	6,25	„ „ „ 4 300 bis 4 400 „ „	27	13,50
„ „ „ 1 500 bis 1 600 „ „	13	6,50	„ „ „ 4 400 bis 4 500 „ „	27,50	13,75
„ „ „ 1 600 bis 1 700 „ „	13,50	6,75	„ „ „ 4 500 bis 4 600 „ „	28	14
„ „ „ 1 700 bis 1 800 „ „	14	7	„ „ „ 4 600 bis 4 700 „ „	28,50	14,25
„ „ „ 1 800 bis 1 900 „ „	14,50	7,25	„ „ „ 4 700 bis 4 800 „ „	29	14,50
„ „ „ 1 900 bis 2 000 „ „	15	7,50	„ „ „ 4 800 bis 4 900 „ „	29,50	14,75
„ „ „ 2 000 bis 2 100 „ „	15,50	7,75	„ „ „ 4 900 bis 5 000 „ „	30	15
„ „ „ 2 100 bis 2 200 „ „	16	8	„ „ „ 5 000 bis 5 100 „ „	30,50	15,25
„ „ „ 2 200 bis 2 300 „ „	16,50	8,25	„ „ „ 5 100 bis 5 200 „ „	31	15,50
„ „ „ 2 300 bis 2 400 „ „	17	8,50	„ „ „ 5 200 bis 5 300 „ „	31,50	15,75
„ „ „ 2 400 bis 2 500 „ „	17,50	8,75	„ „ „ 5 300 bis 5 400 „ „	32	16
„ „ „ 2 500 bis 2 600 „ „	18	9	„ „ „ 5 400 bis 5 500 „ „	32,50	16,25
„ „ „ 2 600 bis 2 700 „ „	18,50	9,25	„ „ „ 5 500 bis 5 600 „ „	33	16,50
„ „ „ 2 700 bis 2 800 „ „	19	9,50	„ „ „ 5 600 bis 5 700 „ „	33,50	16,75
„ „ „ 2 800 bis 2 900 „ „	19,50	9,75	„ „ „ 5 700 bis 5 800 „ „	34	17

* Gebühr, welche ausnahmsweise weniger als 1 Mark beträgt.

von mehr als 5 800 bis 5 900 *M.* einschl.	34,50	17,25
" " " 5 900 bis 6 000 " "	35	17,50
" " " 6 000 bis 6 100 " "	35,50	17,75
" " " 6 100 bis 6 200 " "	36	18
" " " 6 200 bis 6 300 " "	36,50	18,25
" " " 6 300 bis 6 400 " "	37	18,50
" " " 6 400 bis 6 500 " "	37,50	18,75
" " " 6 500 bis 6 600 " "	38	19
" " " 6 600 bis 6 700 " "	38,50	19,25
" " " 6 700 bis 6 800 " "	39	19,50
" " " 6 800 bis 6 900 " "	39,50	19,75
" " " 6 900 bis 7 000 " "	40	20
" " " 7 000 bis 7 100 " "	40,50	20,25
" " " 7 100 bis 7 200 " "	41	20,50
" " " 7 200 bis 7 300 " "	41,50	20,75
" " " 7 300 bis 7 400 " "	42	21
" " " 7 400 bis 7 500 " "	42,50	21,25
" " " 7 500 bis 7 600 " "	43	21,50
" " " 7 600 bis 7 700 " "	43,50	21,75
" " " 7 700 bis 7 800 " "	44	22
" " " 7 800 bis 7 900 " "	44,50	22,25
" " " 7 900 bis 8 000 " "	45	22,50
" " " 8 000 bis 8 100 " "	45,50	22,75
" " " 8 100 bis 8 200 " "	46	23
" " " 8 200 bis 8 300 " "	46,50	23,25
" " " 8 300 bis 8 400 " "	47	23,50
" " " 8 400 bis 8 500 " "	47,50	23,75
" " " 8 500 bis 8 600 " "	48	24
" " " 8 600 bis 8 700 " "	48,50	24,25
" " " 8 700 bis 8 800 " "	49	24,50
" " " 8 800 bis 8 900 " "	49,50	24,75
" " " 8 900 bis 9 000 " "	50	25
" " " 9 000 bis 9 100 " "	50.50	25,25
" " " 9 100 bis 9 200 " "	51	25,50
" " " 9 200 bis 9 300 " "	51,50	25,75
" " " 9 300 bis 9 400 " "	52	26
" " " 9 400 bis 9 500 " "	52,50	26,25
" " " 9 500 bis 9 600 " "	53	26,50
" " " 9 600 bis 9 700 " "	53,50	26,75

von mehr als 9 700 bis 9 800 *M.* einschl.	54	27
" " " 9 800 bis 9 900 " "	54,50	27,25
" " " 9 900 bis 10 000 " "	55	27,50
weiter:		
für jedes angefangene Hundert des Mehrbetrages je	Pf. 25	Pf. 12½
also z. B.	*M.*	*M.*
von mehr als 10 000 bis 10 100 *M.* einschl.	55,25	27,62
" " " 10 900 bis 11 000 " "	57,50	28,75
" " " 11 900 bis 12 000 " "	60	30
" " " 12 900 bis 13 000 " "	62,50	31,25
" " " 13 900 bis 14 000 " "	65	32,50
" " " 14 900 bis 15 000 " "	67,50	33,75
" " " 15 900 bis 16 000 " "	70	35
" " " 16 900 bis 17 000 " "	72,50	36,25
" " " 17 900 bis 18 000 " "	75	37,50
" " " 18 900 bis 19 000 " "	77,50	38,75
" " " 19 900 bis 20 000 " "	80	40
" " " 29 900 bis 30 000 " "	105	52,50
" " " 39 900 bis 40 000 " "	130	65
" " " 49 900 bis 50 000 " "	155	77,50
" " " 99 900 bis 100 000 " "	280	140
" " " 199 900 bis 200 000 " "	530	265
" " " 499 900 bis 500 000 " "	1 280	640

Sachregister.

(Die Zahlen bedeuten die Seiten.)

A.

Ab- und Zugang bei Reisen 77.
Ablehnung eines Richters, Gerichtsschreibers oder Sachverständigen 52.
Ablieferung von Geldern und Werthsachen 43.
Abrundung der Gebühr 6; — der Entfernungen 79.
Abschriften 76.
Accessorische Forderungen s. Nebenforderungen.
Aenderung einer Entscheidung des beauftragten Richters oder Gerichtsschreibers 19, 42.
Akte 31.
Akten-Uebersendung 36, 45; -Verpackung 76.
Aktivmasse im Konkurs 66.
Amortisation s. Aufgebotssachen.
Anfertigung von Schriftsätzen s. diese.
Anrechnung der Gebühren 24, 46, 54, 56, 59.
Ansprüche, Zusammenrechnung mehrerer 30;
— nicht vermögensrechtliche 28;
— Instanz bei den nach Grund und Betrag streitigen A. 21.
Anträge in Strafsachen 73.
Anwalts-Societät 5.
Armenrecht 36.
Armensachen — Beiordnung eines Rechtsanwalts 11; kein Vorschuß 80; Beitreibung der Gebühren und Auslagen 82.
Arrangement, außergerichtliches im Konkurse 64.
Arrest 36, 18; Instanz bei Vollziehung eines Arrestbefehls 24.
Arrestatorien 22.
Assistenz s. Beistand.
Aufgebotsverfahren 37; Instanz 20.
Aufhebung eines Auftrages 25.
Aufnahme eines unterbrochenen oder ausgesetzten Verfahrens 38.
Auftrag: Aufhebung 25;
— Erledigung 14, 27, 80; vor der vollständigen Ausführung 27;
— im Konkurse 67;
— gemeinschaftliche Ausführung 5;
— mehrere Auftraggeber 5, Reisekosten 77.
Auftraggeber: Haftung 5; Verhältniß zum Rechtsanwalt 25.
Auktor 51.
Ausfertigung, vollstreckbare 23, 58.
Ausführung der Parteirechte 10, 24.
Auslagen 76; Einforderung 80;
— in Patentsachen 48;
— bei Untersuchung von Seeunfällen 75.
Aussetzung des Verfahrens 50.

B.

Bauschgebühren: in bürgerl. Rechtsstreitigkeiten 13;
— im Konkursverfahren 64;
— in Strafsachen 70.
Bedingtes Urtheil, Erledigung 43.
Befriedigung in der Zwangsvollstreckung 22; abgesonderte im Konkurse 66.
Befugnisse des Rechtsanwalts 10.
Beiordnung des Rechtsanwalts 11.
Beistand 5;
— in bürgerl. Rechtsstreitigkeiten 10, 38;
— im Konkurse 67;
— in Strafsachen 68, 74, 75.
Benachrichtigung eines Schuldners u. Drittschuldners vor der Pfändung von Forderungen 63.
Berechnung s. Rechnung.
Berichtigung eines Urtheils oder Thatbestandes 38.
Berufsthätigkeit des Rechtsanwalts 1, 8.

Berufung: in bürgerl. Rechtsstreitigkeiten 39; Werth 33;
— auf den Rechtsweg 2, 39;
— gegen die Entscheidung über prozeßhindernde Einreden 49;
— Abrathen von der Einlegung 50;
— in Strafsachen 73.
Berufungsinstanz, Urtheil unter Vorbehalt der Geltendmachung verspäteter Vertheidigungsmittel 21.
Beschlagnahme von Forderungen 22, 39.
Beschwerde in bürgerl. Rechtsstreitigkeiten 39, 46;
— gegen Werthsfestsetzung 28;
— im Konkurse 65, 66;
— in Strafsachen 73.
Besitz einer Sache, Werth 32.
Betrieb eigener Angelegenheiten 6.
Bevollmächtigter, Kostentragung bei Verschulden 46; s. a. Vertreter.
Beweis zum ewigen Gedächtniß s. Sicherung.
Beweisaufnahme 16, 56;
— im schiedsrichterlichen Verfahren 53.
Beweisgebühr 16.
Botenlohn 76.
Briefe, Besorgung und Verpackung 76.
Brückengeld 79.
Bürgerliche Rechtsstreitigkeiten 8.

D.

Disciplin, Beschwerden 40.
Disciplinarverfahren gegen Reichsbeamte 3, 74.
Duldung einer Handlung 22, 23.

E.

Ehesachen 15, 40;
— Zwangsmaßregeln gegen die Parteien 50;
— Sühneversuch 44.
Ehrengerichtliches Verfahren gegen Rechtsanwälte 3, 74.
Eidesleistung 43, 56.
Einforderung der Gebühren 80.
Einreden, prozeßhindernde 48;
— Instanz bei Urtheilen über diese 21.
Einspruch: in Civilprozessen 41, Werthsberechnung 33;
— gegen Vollstreckungsbefehl, Instanz 20;
— in Strafsachen, gegen amtsrichterlichen Strafbefehl 73.
Einstweilige Anordnung 36, 40.
Einstweilige Verfügung 18, 36; Instanz 24.
Einweisung in den Besitz von Sachen 22.
Empfangnahme von Entscheidungen 19.
Entfernung, deren Berechnung 79.
Entlassung aus dem Rechtsstreit 51.
Entmündigung 42;
— Beiordnung eines Rechtsanwalts 11;
— Verhandlungsgebühr 15;
— Instanz 20.
Entscheidung, Zustellung derselben 19;
— des beauftragten und ersuchten Richters und des Gerichtsschreibers 19, 42.
Erbschaftliches Liquidationsverfahren 3.
Erfüllungszeit u. -Ort bei Werthsberechnungen 33.
Ergänzung eines Urtheils 43, 57.
Erklärungen in Strafsachen 73.
Erläuterungen zum Gebührentarif 35;
— über Werthsberechnung 33.
Erledigung eines Auftrags 14, 27, 80;
— eines bedingten Urtheils 43.
Eröffnungsverfahren im Konkurse 64.
Erstattung von Kosten s. Kosten.
Erwirkung von Handlungen u. a. 22, 23.
Exekution s. Zwangsvollstreckung.
Exmission 22.
Expropriation 3.
Extrahonorar 82.

F.

Fährgeld 79.
Fälligkeit der Gebühren 80.
Feldrügesachen 70.
Festsetzung der Prozeßkosten 45;
— der Gebühren des Anwalts 82.
Forderungen, uneinziehbare im Konkurse 66.
Forstrügesachen 70.
Fristbestimmung 50.
Früchte 29, 31.
Fuhrkosten 76 ff.
Fuhrwerk, Vergütung dafür 79.

G.

Gebühr, niedrigster Betrag und Abrundung 6;
— wenn eine solche nicht vorgesehen 27.
Gebühren, deren Fälligkeit und Einforderung 80;
— in Civilprozessen 13, beim regelmäßigen Prozeßgang 17;
— im Konkurse 64;
— in Strafsachen 70.
Gebührenarten im Civilprozeß 13.
Gebührenrechnung 81.
Gebührensatz 13, Minderung 16.
Gebühren-Tarif 35.
Gegenforderung 31.
Gelder, Erhebung und Ablieferung 43.
Geltungsbereich der Anwaltsgebührenordnung 1.
Gemeindegerichte 2.
Gemeinschaftliche Ausführung eines Auftrags 5.

Gepäckbeförderung 76.
Gerichte, ordentliche und besondere 2.
Gerichtsbarkeit, nichtstreitige 3.
Gerichtsschreiber, Ablehnung 44;
— Kostentragung bei Verschulden 46.
Gerichtsvollzieher, Bestimmung 44;
— Kostentragung bei Verschulden 46.
Geschäfte, für welche Gebühren nicht vorgesehen sind 27.
Geschäftsbetrieb in Civilprozessen 14.
Geschäftsreisen 76.
Gesuche in Strafsachen 73.
s. a. Schriftsätze.
Gewerbegerichte 2.
Gnadengesuche 73.
Grundbuchsachen 3.
Grunddienstbarkeit, Werthsberechnung 32.
Gutachten 4, 44, 45;
— Abgabe durch Sachverständige 59.

H.

Haftung der Auftraggeber 5.
Handakten, Uebersendung an den Bevollmächtigten der anderen Instanz 19, 36, 45;
— Aufbewahrung 81.
Handelsregister 3.
Handelswerth 66.
Handlungen, Vornahme, sowie Unterlassung und Duldung derselben 22, 23, 62;
— einzelne im Konkurse, deren Honorirung 66.
Hauptintervention 45, Prozeßvollmacht 10.
Hauptprinzip des Bauschsystems 18.
Hauptverhandlung i. Strafsachen 70.
Honorar, besonderes 82.
Hypothekensachen 3.

J.

Information 14, 45.
Inhibitorien 22.
Injurienklage 72.
Instanz 18 ff.
Intervention 45.

K.

Klagantrag, Erweiterung 20.
Klage des Rechtsanwalts wegen Gebühren und Auslagen 81.
Klagerhebung, neuer Rechtsstreit 19; Norm bei der Werthsberechnung 29.
Kompensation 31.
Konferenz s. Rath.
Konkurs, Prozesse in demselben 33, 38.
Konkursforderung, Anmeldung und Prüfung 64.
Konkursverfahren 64; wiederaufgenommenes 65.
Konkursverwalter 67.
Konsulargerichte 2, 3.
Konsultation s. Rath.
Kontumazialverfahren 15.
Konventionalstrafen 30.
Korrespondenz-Mandatar 45.
Kosten 45; Berücksichtigung bei der Werthsberechnung 29, 31.
Kostenerstattung, bei vertragsmäßiger Gebührenfestsetzung 7;
— in bürgerl. Rechtsstreitigkeiten 45; der Parteien untereinander 11; Einrede 49.
— in Strafsachen 74, Privatklage 70.
Kostentragung 46.
Kostenzahlung in Strafsachen 70.
Kraftloserklärung von Urkunden 38.

L.

Läuterungsurtheil s. bedingtes Urtheil.
Landesgesetzliche Gebührenvorschriften, deren gleichzeitige Anwendung 4.
Landesjustizverwaltung, kann Bestimmung treffen wegen verauslagter Fuhrkosten 79; Reisekosten und Tagegelder 79.
Leistungen, wiederkehrende, Werthsberechnung 32.
Litisdenunziation s. Streitverkündung.

M.

Mäßigung, Ueberschreitung der Grenzen ders. 6.
Mahnverfahren 46; Mitberücksichtigung der entstandenen Kosten 82.
Mandatsverhältniß zwischen dem Rechtsanwalt und der Partei 76.
Manualakten s. Handakten.
Markenschutzregister 3.
Mehrere Auftraggeber 5, 77.
Miethsverhältniß, Miethsberechnung 32.
Minderung der Gebührensätze 16.
Mindestbetrag der Gebühren 6.
Mittheilungen an Auftraggeber 19; der Rechnung 81.
Mobiliarexekution 22.
Momente der anwaltlichen Thätigkeit in bürgerl. Rechtsstreitigkeiten 13.

N.

Nachlaßsachen 3.
Nachtquartier 76.
Nebenforderungen 29, 30, 31.
Nebenintervention 47, 18, 26.
Nebenklage 72.
Nennwerth einer Forderung 66.
Nichtigkeitsklage 59.
Nicht-Prozeßbevollmächtigte 25.
Nothfrist 39, 60.

Nutzungen, Werthsberechnung 29, 31;
— wiederkehrende 32.

O.

Ober-Seeamt 75.
Offenbarungseid 22, 23, 47;
— im Konkurse 67.
Offizialvertheidiger 68, 70.
Ordentliche Gerichte 1.

P.

Pachtverhältniß, Werth 32.
Parteien, Vorforderung zum Erscheinen 50.
Patentsachen 47, 3;
— Kostenerstattung 11.
Pfändung 22.
Pfandbriefanstalten 28.
Pfandrecht, Werth 32.
Plaidoyer 10, 24.
Porto 76.
Prioritätsverfahren 56.
Privatklage 72;
— Anfertigung einer solchen 73;
— Kostenerstattung 70.
Prorogation 55.
Prozeßbevollmächtigter 9; dessen Gebühr 13; Verkehr mit der Partei 45.
Prozesse mit ermäßigten Gebühren 48.
Prozeßfähigkeit 48; Einrede 49.
Prozeßgebühr 14.
Prozeßhindernde Einreden 48, 21.
Prozeßkosten 45;
— Einrede der mangelnden Sicherheit 49. s. a. Kosten.
Prozeßleitung 50.
Prozeßvollmacht 9.
Purifikatoria s. Erledigung.

R.

Rath 50, 4, 45; im Konkurse 67.
Rechnung über Gebühren und Auslagen 81;
— gebührenfrei 6;
— Vorbehalt wegen des Regreßanspruchs 5.
Rechtsanwalt: mehrere gemeinschaftlich 5;
— Betrieb eigener Angelegenheiten 6;
— Berufsthätigkeit und Befugnisse in bürgerl. Rechtsstreitigkeiten 1, 10, 48;
— Trennung der Funktionen 5, 24;
— Wirkungskreis in Strafsachen 68;
— Verhältniß zum Auftraggeber 25;
— Uebertragung der Vertretung 24;
— Zurückgabe von Urkunden 51;
— Kostentragung bei Verschulden 46;
— Rechtsanwälte beim Reichsgericht 27;
— ehrengerichtliches Verfahren 74.
Rechtsausführung 10, 24.
Rechtshängigkeit 48.
Rechtsmittel s. a. Berufung, Revision, Beschwerde;
— gegenseitige, Werthsberechnung 31;
— Einlegung in Strafsachen 70, 73.
Rechtsnachfolger 38, 51, 58.
Rechtsstreit, neuer 19;
— Entlassung des Beklagten 51.
Rechtsvertheidigung 10.
Rechtsweg, Berufung auf denselben 39.
Reichsbeamte, Disciplinarverfahren 74.
Reichsgericht 27, 71;
— Vertretung bei demselben 11;
— nach den bisherigen Prozeßgesetzen zu erledigende Sachen 3.
Reichsgesetzliche Gebührenvorschriften, deren Anwendbarkeit 1, 4.
Reisekosten 76, 13; in Strafsachen 70.
Reisen 76.
Renten 29.
Restitutionsklage 59.
Revision 49, 52; Werthsberechnung 33; Abrathen von Einlegung der R., 50;
— beim Reichsgericht 27;
— in Strafsachen 73.
Richter, Ablehnung 52;
— beauftragter u. ersuchter 42.

S.

Sachleitung 50.
Sachverständige: Ablehnung 52; Zwischenstreit 18; Verpflichtung und Zwangsmaßregeln 59.
Schäden, Werthsberechnung 29, 31.
Schiedsrichterliches Verfahren 3, 52, 53.
Schiedsspruch: Aufhebung 53; Zwangsvollstreckung aus dems. 63.
Schiffsregisterführung 3.
Schöffengericht 71, 73.
Schreibgebühren 76.
Schreibmaterialien 76.
Schriftsatz, Unterzeichnung 6;
— Anfertigung in bürgerl. Rechtsstr. 14, 53; in Strafsachen 73.
Schwurgericht 71, 73.
Seeamt 75.
Seeunfälle, Untersuchung 3, 75.
Sequester 53.
Sequestration 54.
Sicherheit für die Prozeßkosten 49.
Sicherheitsmaßregeln im Konkurse 65.
Sicherstellung einer Sache, Werth 32.
Sicherung des Beweises 54.
Strafandrohung in der Zwangsvollstreckung 23, 62.
Strafe wegen Unterlassung oder Duldung einer Handlung 23.
Strafkammer 71, 73.

Streitgegenstand 15, 18, 28, 29. s. a. Werth.
Streitgenossen 5, 26.
Streitverkündung 47, 51.
Subhastation 3, 61;
— Anordnung ders. 22, 61.
Substitut des Anwalts 24.
Sühneverfahren 54, 14.

T.

Tagegelder 76.
Tarif für bürgerl. Rechtsstreitigkeiten 35.
Taxe 1.
Taxwerth im Konkurse 66.
Telegraphengebühren 76.
Terminsbestimmung 50, 14.
Termin zur Eidesleistung 16.
Testamentssachen 3.
Theil des Streitgegenstandes 15, 18, 31, 33.
Theilungsmasse im Konkurs 33.
Theilurtheile, Instanz 21.
Todeserklärungen 38.
Trennung der Prozesse 30, 50.

U.

Uebergangsbestimmungen 3, 4.
Uebernahme des Rechtsstreits 51.
Ueberweisung von Forderungen 22.
Unterbrechung des Verfahrens 50.
Unterlassung einer Handlung 22, 23.
Unterzeichnung eines Schriftsatzes 6;
— in Strafsachen 69.
Unzulässigkeit des Rechtswegs 55, 48.
Unzuständigkeit des Gerichts 55, 48.
Urkunden, Rückgabe durch den Rechtsanwalt 55.
Urkundenprozeß 55.
Urtheil, bedingtes 43;
— Berichtigung 38;
— Ergänzung 43, 57.

V.

Verbindung mehrerer Prozesse 30, 50.
Verfahren: Aufnahme eines unterbrochenen V. 38;
— in einer noch nicht anhängigen Sache 54;
— beim Sühneverfahren 54.
Vergleich 16.
Vergleichsgebühr 16.
Vergütung, wenn eine Gebühr nicht vorgesehen ist 27. s. a. Honorar.
Verhandlung, mündliche; kontradiktorische 15;
— die nicht angeordnet oder gesetzlich vorgeschrieben ist 15;
— anderweite in derselben Instanz 20;
— Verbindung und Trennung 30, 50.
Verhandlungsgebühr 14.
Verkehr zwischen Partei und Prozeßbevollmächtigten 56, 76.
Verpackung von Briefen u. Akten 76.
Versäumnißurtheil 38, 41, 42.
Verschollenheitserklärung 38.
Vertheidiger in Strafsachen 68.
Vertheidigungsgebühren 70; im Vorverfahren 71.
Vertheidigungsverfahren 23;
— Werth 33, 56;
— im Konkurse 65.
Vertrag über Gebühren 1, 6.
Vertreter: Bestellung eines solchen 56;
— Legitimation 48;
— Kostentragung bei Verschulden 46;
— in Strafsachen 68.
Vertretung 9, 10;
— in der mündlichen Verhandlung 24;
— bei Eidesleistung und Beweisaufnahme 57;
— des Anwalts 24;
— Einrede der mangelnden V. 49.
Verwaltung über ein Vermögensrecht 23.
Verwaltungsbehörde, Vertretung in Strafsachen 73.
Verwaltungstreitverfahren 4.
Verweisung eines Rechtsstreits zwischen Amtsgericht und Landgericht 20; zwischen Kammern desselb. Gerichts 20;
— zur anderweiten Verhandlung an das Gericht unterer Instanz 20.
Vollstreckbare Ausfertigung 23, 58.
Vollstreckbarkeit, vorläufige 57; Werth 33; V. der nicht angefochtenen Theile eines Urtheils 58.
Vollstreckungsbefehl 46; Einspruch dagegen, Instanz 20.
Vollstreckungsklausel 58.
Vollstreckungsmaßregel 22; Aufhebung 62.
Vorbereitendes Verfahren 15, 58.
Vormundschaftssachen 3.
Vornahme einer Handlung 22, 23.
Vorschuß 80.
Vorstand der Anwaltskammer 7, 44.
Voruntersuchung 71.
Vorverfahren s. Einreden;
— in Strafsachen 71.

W.

Wahl des Rechtsanwalts 11.
Wahlvertheidiger 68.
Wechsel der Anwälte 18.
Wechselprozeß 58.
Werth des Streitgegenstandes 27, 28; Festsetzung 18, 27;
— beim Vollstreckungsbefehl 47;
— Aufnahme in die Rechnung 81.
Werthpapiere, Erhebung und Ablieferung 43.
Werthsberechnung 27 ff.;
— specielle Vorschriften 31.

Werthsberechnung, Erläuterungen 33 — im Konkurse 65.
Werthsfestsetzung 18, 27.
Werthstheile 15, 18, 31, 33.
Widerklage 30; bei der Privatklage 72.
Wiederaufnahme des Verfahrens 59, 20.
Wiedereinsetzung 59.
Wohnort, Geschäfte an demselben 78.
Wohnsitz 12; Einfluß auf die Reisekosten 79; Verlegung des W. 79.

Z.

Zahlungsaufforderung 6; im Mahnverfahren 46.
Zeugen, Zwischenstreit 59; Verpflichtung und Zwangsmaßregeln 59.
Zeugniß, Abgabe eines Z. 59; der Rechtskraft 22, 60.
Zinsen, Werthsberechnung 29, 30, 31.
Zu- und Abgang bei Reisen 77.
Zurücknahme eines Einspruchs 41; einer Klage 60; eines Rechtsmittels 60.
Zurückverweisung einer Sache zur anderweiten Verhandlung 20, 49, 56, 59.
Zusammenrechnung mehrerer Ansprüche 30; von Klage und Widerklage 30.
Zuständigkeit des Gerichts 60; der Strafgerichte 71; für Klage des Rechtsanwalts wegen seiner Gebühren und Auslagen 81.
Zustellung, Art und Weise 50; an Sonntagen 60.
Zwangsenteignungsverfahren 3.
Zwangsvergleich im Konkurse 65.
Zwangsvollstreckung 61;
— Instanz 21 ff.;
— Werthsberechnung 30, 34;
— vorläufige Einstellung 19, 61;
— an Feiertagen oder Nachts 62;
— in Handlungen, s. diese;
— in das unbewegliche Vermögen 3, 61;
— Einwendungen 63, betr. den Anspruch 20, 62;
— aus einem ausländischen Urtheil oder Schiedsspruch 63;
— aus Entscheidungen in Strafsachen 74;
— Beitreibung der Anwaltsgebühren 81.
Zwischenstreite 18, 59.
Zwischenurtheile, Instanz 21.

Druck von Kerskes & Hohmann, Berlin S.W., Zimmerstr. 94.

Kolibri 360 GmbH
Ferdinand-Jühlke-Straße 7
99095 Erfurt, Deutschland
produktsicherheit@kolibri360.de